阅读推广人系列教材（第六辑）

中国图书馆学会　编
王余光　霍瑞娟　李东来　总主编

阅读的力量：
读者访谈录

主编乔真

The Power of
Reading : Reader
Interviews

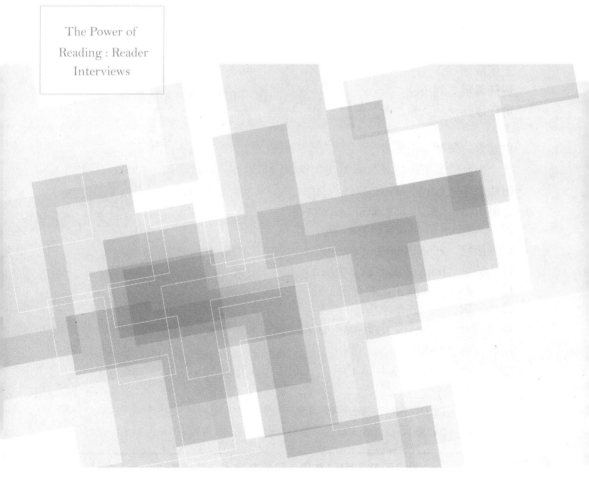

朝华出版社
BLOSSOM PRESS

图书在版编目（CIP）数据

阅读的力量：读者访谈录 / 乔真主编 . -- 北京：
朝华出版社，2022.3
阅读推广人系列教材 . 第六辑
ISBN978–7–5054–4578–9

Ⅰ . ①阅… Ⅱ . ①乔… Ⅲ . ①图书馆—读书活动—教材 Ⅳ . ① G252.17

中国版本图书馆 CIP 数据核字（2021）第 241344 号

阅读的力量：读者访谈录

主　　编　乔　真

选题策划　张汉东
责任编辑　刘小磊
责任印制　陆竞赢　崔　航

出版发行　朝华出版社
社　　址　北京市西城区百万庄大街 24 号　　　　邮政编码　　100037
出版合作　（010）68995532
订购电话　（010）68996050　68996618
传　　真　（010）88415258（发行部）
联系版权　zhbq@cipg.org.cn
网　　址　http：//zhcb.cipg.org.cn
印　　刷　天津融正印刷有限公司
经　　销　全国新华书店
开　　本　710mm×1000mm　　1/16　　　　　字　　数 198 千字
印　　张　14.5
版　　次　2022 年 3 月第 1 版　　2022 年 3 月第 1 次印刷
装　　别　平
书　　号　ISBN 978–7–5054–4578–9
定　　价　59.00 元

阅读推广人系列教材
编委会

总　序

　　由中国图书馆学会（以下简称"中图学会"）主持编写的丛书"阅读推广人系列教材"，是中图学会"阅读推广人"培育行动的一部分。

　　自 2005 年中图学会设立科普与阅读指导委员会（2009 年更名为"阅读推广委员会"）以来，各类型图书馆逐步重视开展阅读推广活动，并取得了丰硕的成果。在阅读推广过程中，很多图书馆面临不少问题，其中没有适合从事阅读推广的馆员是一个重要问题，而这对图书馆阅读推广活动能否持续、有效、创新地开展，将产生重要的影响。

　　鉴于此，中图学会阅读推广委员会于 2013 年 7 月，在浙江绍兴图书馆举办了"首届全国阅读推广高峰论坛"。这一论坛的目的是为图书馆免费培训阅读推广人，造就一支理念新、专业强、技能高的阅读推广人才队伍。首届论坛获得了图书馆界同人极高的评价。此后，在 2014 至 2015 年，中图学会阅读推广委员会又在常熟、石家庄、镇江、成都、临沂举办了五次免费培训，都取得了良好效果。

　　在绍兴阅读推广人培训之后，中图学会阅读推广委员会便着手考虑培训的专业化与系统性。为了更好地将阅读推广人培训工作顺利推进，委员会于 2014 年 7 月为中图学会制订了《培育阅读推广人行动计划（草案）》。该草案分四个部分：前言、培训课程体系与教材、专家组织、考核与能力证书授予等。关于阅读推广人，"前言"中写道：

　　"阅读推广人"是具有一定资质，可以开展阅读指导、提升读者阅读兴趣和阅读能力的专业与业余人士。

　　全民阅读、阅读推广，是立足中国文化、提高中华民族素质与竞争力的重要举措，近两年来受到政府与社会的广泛关注。为了推动全民阅读工作规范有效开展，培训"阅读推广人"是十分重要与必要的，也是很多机构，如学校、图书馆、大型企业、宣传部门十分需要的。

中国图书馆学会长期以来开展阅读推广活动，积累了丰富的经验，并拥有一批该领域的专家学者，从事全民阅读与阅读推广研究，他们承担课题或从事教育培训，取得了一定的成果，为进一步开展"阅读推广人"的培训、资格认证提供了重要的基础。作为以促进全民阅读，为读者终身学习提供保障为目标和社会责任的图书馆，应当成为阅读推广人培养与成长的摇篮。

中国图书馆学会为了更好地帮助图书馆、学校、大型企业、宣传部门等机构开展阅读推广工作，将阅读推广人培训作为一项长期工作。为了培训工作更好与规范地开展，特制订《培育阅读推广人行动计划》。参加培训的学员，通过一定的考核，中国图书馆学会将授予学员"阅读推广人"资格证书。

2014 年 12 月 11 日，中图学会阅读推广委员会举办的"全民阅读推广峰会暨'阅读推广人'培育行动启动仪式"在常熟图书馆举行。会上，中图学会正式启动"阅读推广人"培育行动。

在"阅读推广人"培育行动中，教材的编写成为首要任务。这套"阅读推广人系列教材"是国内首套针对阅读推广人的教材。由于没有相关的参考著作，教材可能还存在一些不足。在今后使用过程中，对教材中存在的问题与不足，主编将做进一步的修订与完善。这套教材的问世，对中国阅读推广人的培育将发挥积极的推动作用。

"阅读推广人系列教材" 编委会

阅读照人生　灯火犹可亲（代序）

阅读能使人受益，这早已得到了公众的认同。但是，到了科学技术迅猛发展的今天，读什么，怎么读，却又成了困扰人们的新问题。

2020 年 3 月，"清流读书哥"的事迹广为流传，其行为受到了广泛赞誉。新冠肺炎疫情期间，在一个极其特别的地方——武汉方舱医院里，有这样一位年轻人，即使在病床上，仍然手捧书本，心无旁骛地阅读思考。这一幕被在现场采访的新闻记者用镜头记录报道后，顿时在国内外产生了很大影响。这是因为当下疫情流行，人们焦虑、恐惧和慌乱，而年轻患者从容读书的行为，让人们感到了一种特别的平和与镇定。这位老家在湖北的付姓"读书哥"，现为美国佛罗里达州立大学的理工科教师，是因为回国探亲染上新冠肺炎的。他读的是《政治秩序的起源：从前人类时代到法国大革命》，想不到这么一本并不大众的佶屈聱牙的人文社科力作却随着"清流读书哥"一起走红，并带动了疫情期间的读书热潮。这本书的作者、著名学者，远在美国的弗朗西斯·福山，也在推特上转发相关消息，称"让更多人从一个人身上看到了一座城的希望"。

表面上看，在移动互联网普及的背景下，人们真正进入了全民阅读时代。但仔细观察一下，全民阅读，有几个人读的是真正有意义的书？万家灯火，又有几盏灯是为读书而亮？从传统的意义上说，上网、看手机之类，多数只能叫"看"，或者叫"浏览"，只有浏览内容时带有深入思考和独立判断的，才可称为真正的"阅读"，或者叫"读书"。

时下信息泛滥，传播速度快，人们通过一部手机就可了解外部世界，但不论什么时间、什么场合，将大量的精力用在"看"和"浏览"上，这无疑会造成人心的浮躁并无谓浪费光阴。这或许是"清流读书哥"备受追捧的更深层次原因吧。

乔真是东莞市图书馆馆员，长期从事图书借读服务和阅读推广工作，对现代读者的阅读心理与阅读兴趣有一定的了解和研究，并从自己接触的众多读者中选取了部分读者进行了专访，且将连续发表在《图书馆报》上的文章汇编为本书——《阅读的力量：读者访谈录》。可以说，这其中收录的是更多"清流哥""清流姐"的阅读故事。其中包括了不同职业与不同年龄的各阶层人士，有公务员、打工者、自由职业者、教师、学生和正在服刑的人员，等等。

虽然处在不同的阅读时空里，人们却能从这些读者身上找到许多相同的地方。一是自觉性。阅读是习惯，是生活，更是追求。二是重视传统的阅读方式。一位被访者在谈到纸质书和电子书两种阅读方式时说道：书本的阅读，是系统的学习与思考，也更有深度，一旦有了疑问，便于解答，还可以在上面写写画画，做好笔记，留下心得体会，更可以在后续的生活工作中，不断校验修正自己；网络化的阅读更像是快餐，获取简单，可以随性而为，内容种类繁多，有瞬时记忆，但容易流失。三是有价值选择。除了查阅专业资料，其中多数被访者还是崇尚阅读经典。在接受访谈的对象中，学生占的比例不少，包括了大中小学生，还有留学生。他们读什么书，怎么读，不仅是个体的事，也关系人类社会的未来。学生时代不仅要学习科学知识，还要学会做人，修养品德，增加智慧，在这些方面家庭与学校的影响和指导至关重要。到了大学，自主阅读有时比课堂听课更重要，老师要做的就是教会学生"怎样读"，这是能影响人一辈子的事。这恰好是现在的学校教育所缺少的。

尽管现在走出校园的年轻人不重视阅读，但我们可以欣喜地看到，其中有一类人，即年轻的父母们越来越重视阅读。亲子阅读——是这个群体中现在最热门的一个词语，此类书籍也越来越丰富。不仅在家里带领宝宝读书，而且爱去图书馆阅读，年轻的父母们积累了经验，又可以互相影响，这不仅对后代的成长有利，而且也利于整个社会读书风气的提升。

正在服刑人员的阅读，是东莞图书馆有针对性地开通的流动图书车帮助实现的。毛姆说："阅读是一座可以随身携带的避难所。"它帮助在至暗人生中的人通过读书学习，驱散心中的阴霾，点亮前行的火把。几位被访的服刑人员都深有体会，认为读书活动触动反思，改变了自己的人生观。"希望能通过积极改造，回归社会，做个有用的人"的愿望也因此变得更加强烈。

自东莞图书馆新馆开馆以来，乔真和她的同事不断创新工作，努力为广大读者提供个性化的服务，通过每年举办读书节、评选书香之家、开展经典与热门图书交流讲座、编辑阅读期刊、开动流动图书车等活动，有力地推动了全民阅读，使东莞图书馆成为市民们阅读怡情的真正的"精神家园"。

中国有"耕读传家"的古训。耕读，可以兴家，也可以兴邦。而风气的影响，榜样的存在，是推动阅读的重要力量。在"读什么""怎么读"方面，人们或许可以从《阅读的力量：读者访谈录》中受到启发和激励。但愿我们城市的万家灯火，更多一些为读书而亮！是为序。

刘述康

2020 年 3 月

目 录

品书度春秋

每月去一次图书馆

访 谈 者：乔真，东莞图书馆采编部馆员

被访谈者：代辰，90 后

访谈时间：2014 年 9 月

乔真（以下简称"乔"）：你从什么时候开始走进图书馆？通过什么途径知道的图书馆？

代辰（以下简称"代"）：听妈妈说，我满月后不久就被抱到东莞图书馆，被人"观展"。因为妈妈在那儿工作。但印象较深的是，小学时在图书馆借了一本《茶花女》，那好像是我第一次作为读者感知到图书馆的真正价值。

乔：对图书馆印象如何？

代：图书馆是文化积淀与延续的载体。不过现在的图书馆建筑风格有的太过现代化，甚至会让我有点迷茫，分不清到底是图书馆还是写字楼。深层一点的感觉就是书非常多，各个门类的都有，挺喜欢大家都在图书馆认真读书的那种氛围。

乔：你身边的朋友喜欢去图书馆吗？图书馆在你的生活中重要吗？

代：我身边的朋友也喜欢图书馆。学生时代，图书馆是我们自习的第一选择。

图书馆可以说是贯穿了我整个生活，非常重要，它对我大学专业的选择和现在工作的选择都有很大帮助。

乔：你去过多少个图书馆？在里面都看了什么书？这些图书对你有影响吗？

代：我一共去过七个图书馆：东莞图书馆、东莞少年儿童图书馆、东莞中学图书馆、黑龙江大学图书馆、黑龙江省图书馆、广州图书馆、首都图书馆。看过的书数不清了，但是柯南·道尔的《福尔摩斯探案集》是我小时候最喜欢的。当时以为书中所描述的都是现实存在的，后来才知道，那是柯南·道尔虚构的世界，我一方面非常佩服他的想象力，另一方面可以说柯南·道尔开启了我对刑侦、悬疑类书籍和影视的喜爱。

乔：你现在多长时间去一次图书馆？

代：不太忙时，约一个月去一次，不是每次都借书，因为借回来忙时基本没时间看。

乔：一年大概读多少本书？今年最喜欢看的是什么书？

代：一年大概读十五本。今年最喜欢的书是《少有人走的路》。这是一本心理学书籍，书中探讨了一些作者认为人生中必定会经历的心理学问题，比如现今正流行的拖延症等，从心理学的角度加以阐释，它对我自身的心理转变有很大帮助。

乔：一些媒体做的图书排行榜对你有影响吗？

代：当然会有影响，在想看书但又找不到具体目标的时候，我会在网上搜一下近期的图书排行榜，来了解最近有什么好书，或者是从排行榜里找到自己喜欢的类型。

乔：你对图书馆有什么期望？

代：我希望图书馆的书能够经常更新，一些热门的书可以马上在图书馆借到。另外，希望能有更多电子化的东西出现，比如说，一些资料可以提供扫描版，放在网站上供读者下载，这样就不用为了找一些专业资料而专门跑一趟图书馆。

阅读书目

1.《茶花女》,〔法〕小仲马著,人民文学出版社,1980 年出版。

2.《福尔摩斯探案集》(一——五),〔英〕柯南·道尔著,群众出版社,1979 — 1981 年出版。

3.《少有人走的路:心智成熟的旅程》,〔美〕M·斯科特·派克著,于海生译,吉林文史出版社,2006 年出版。

不要读"成功学"和"心灵鸡汤"

访 谈 者：乔真，东莞图书馆采编部馆员
被访谈者：王浩，80后
访谈时间：2015年3月中旬

乔真（以下简称"乔"）：王浩，你好！有多久没有到图书馆了？

王浩（以下简称"王"）：五六年前经常去，最近几年没去了，现在更多的是网络阅读，还有自己买书。图书馆的氛围更容易让人静心，可以选择的余地也更大，还是建议大家有时间能够多到图书馆。

乔：在你曾经从事的两个职业及现在正在从事的职业中，你认为读书对你有帮助吗？哪些书在你每一次准备转换职业跑道时起到了关键性作用？

王：阅读，有纸质和网络阅读两种。

书本的阅读是系统的学习与思考。书本的内容更多，也更有深度，一旦有了疑问，打开书本，随时叩门而入，寻找答案。阅读书本便于思考，可以在上面写写画画，容易做笔记，留下心得体会，更可以在后续的生活工作中，不断校验修正读书的心得及言行。网络化的阅读更像是快餐，获取简单，可以随性而为，内容种类繁多，便于瞬时记忆，但容易忘记。还是建议大家，多看纸质的书籍，体验更有深度的阅读。

从事任何一个行业，都需要有一些深入系统的研究学习过程。读书，是与作者深入对话的过程，最好是有目的地去寻求答案，而不只是为了猎奇和消遣。阅读，不仅仅要有深度，更应该有广度。现代社会，我们需要不断应对各种变化。如果平时的兴趣比较广泛，对各种事物可以更加深入思考的话，行业的切换，也就相对容易。

一个切入的捷径，是找到这个行业中最优秀的人，看他怎么说，他在关注什么。当然，也可以理解为，读书，只读一流的书。而对畅销书，需要有筛选。畅销的不一定就是高质量的。

对于年轻的朋友，少读一点"成功学"与"心灵鸡汤"之类的图书，这些书

籍的营养有限。"成功学"是兴奋剂，短时间让你很冲动，时间久了让人很疲惫，其结果是要么透支，要么使人偏执；"心灵鸡汤"是安慰剂，只会教你换个角度思考，从而获得温暖，其实是无法给你真正的智慧。这两类图书，读得越多，人生的体验越苍白。要学会独立思考，理性务实，直面问题，探究本质，最终解决问题。

有人说读书是苦差事。我喜欢一句话，叫作喝茶不为渴，种田不因饥，画画不求名，做事不言利。当读书不为消遣，不为功利，而为求真和求证，带着好奇心去读书，然后应用到生活、工作中，进而获得阅读的喜悦，阅读也就会变得充实又轻盈。

学无定法。相信每一本好书都有值得推荐的理由。有时候，我自己也会留意一些其他人的推荐书单。具体到某一本上面，每个人的理解认知各不相同，有人会觉得很有帮助，有人觉得平淡无奇，其实也都正常。只是谨记平时多一份积累，难时少一分困惑，能够有收获就好。

乔：这也就是读书人常说的：一千个读者，就有一千个哈姆雷特。你的读书行为从哪里得到启示？

王：前后读过的书不算多，一般看过，也就丢掉了。我很喜欢冯仑的三本书，《野蛮生长》《理想丰满》《行在宽处》，讲述的是当代商业智慧。

路遥的《平凡的世界》承受苦难，但绝不赞美苦难，更不追求苦难。珍惜当下，付出青春，感动与温暖常在，都让我受益匪浅。

乔：你妻子从事教师职业，你的孩子现在也是小学生了，你们一家有过一起到图书馆共同享受阅读的经历吗？你怎么看"亲子阅读"行为？

王：平时都是去附近的沃尔玛超市，离得比较近，里面有一些小朋友的书，我们会在那里看看，偶尔也买一些。到图书馆，只是利用周末时间。近几年，我觉得图书馆的内容更丰富了，以后会去图书馆，办读书证，把书带回家看。

每个人都有属于自己的阅读，大部分的阅读，还是看小朋友自己的喜好，没有刻意去安排些什么。平时辅导作业，写作文，看书，都是小朋友妈妈领着做的，我陪伴的时间比较少。每个孩子，都是独立的生命个体，是父母生命的延续，但不应该是父母意愿的投射。我自己对孩子，只能算是要求不高，期望合理，协商争议，允许犯错。对小朋友未来的期望，也只有"善良，快乐，健康"六个字。

在阅读方面，也都从这六个字出发，不存在功利，也不需要把成人的世界，强加给孩子。

乔：《O2O：移动互联网时代的商业革命》，张波著；《Excel效率手册：早做完，不加班》，陈锡卢著；《颠覆性创新：如何改变公司，撼动行业，挑战自我？》，威廉·泰勒著。这些书对你现在从事的职业有没有帮助？

王：世界上最难的事情有两件：一是把你的想法装进别人的脑袋，二是把别人的钞票放进你的口袋。电子商务和以往任何的商务活动一样，本质都是提供更好的产品和服务，同样都需要商业智慧。电子商务，恐怕是我们这一代人今生能够经历的最大变革机会。新的商业形态，在起步阶段，是无序的、全新的、快速改变的。因为处于行业初期，任何人都可以进入，门槛貌似比较低（实际的壁垒已经很高），所以导致行业竞争无序。在互联网上，每一天都有新技术和应用被实践着，你随时都可能会在悄无声息中被超越，逼迫所有人只能寻求快速变革。

有一个说法，过去五年营销界的变化，远远超过了之前一百年的总和。所以这个行业知识的更新速度飞快。知易行难，如何在快速变革中找到方向，成为所谓"风口上的猪"，是这个行业中每个人都必须思考的。而传统行业融入互联网，更多的是在制度与创新中寻求平衡。所以在阅读中，更多是关注行业最新的动态、新的趋势、新的应用。互联网行业领先一步很重要，持续的创新更重要，注意这两点就可以了。

上面的这些书，我一本都没看过，更多的是关注行业领军者的言论吧。因为网络更新速度太快，书籍更多时候是对过往的系统整理。这方面相关的阅读，我觉得网络更有优势。书籍方面，推荐黎万强的《参与感：小米口碑营销内部手册》、周鸿祎的《周鸿祎自述：我的互联网方法论》、史玉柱的《史玉柱自述：我的营销心得》，这些都是很值得看的。另外，冯仑的《野蛮生长》《理想丰满》《行在宽处》，也是不错的选择。

如果就阅读来说，我个人认为：千万不要太过信任某些事物了。对于"马首富"，心里羡慕他的钱包，手上抢着支付宝的红包，都不如看看他经历过的打击更有意义。当阿里巴巴的并购规模越来越大，创新也离其越来越远了。如果留意马云最近几年的言论，会发现很多都预言失败了。总之，凡事需要辩证地看待。

阅读书目

1.《野蛮生长》，冯仑著，广东人民出版社，2013 年出版。

2.《理想丰满》，冯仑著，文化艺术出版社，2011 年出版。

3.《行在宽处》，冯仑著，湖南人民出版社，2014 年出版。

4.《平凡的世界》，路遥著，北京十月文艺出版社，2012 年出版。

5.《道德经》，老子著，凤凰出版社，2012 年出版。

6.《O2O：移动互联网时代的商业革命》，张波著，机械工业出版社，2013 年出版。

7.《Excel效率手册：早做完，不加班》，陈锡卢著，清华大学出版社，2014 年出版。

8.《颠覆性创新：如何改变公司，撼动行业，挑战自我？》，〔美〕威廉·泰勒著，南溪译，中华工商联合出版社，2013 年出版。

9.《参与感：小米口碑营销内部手册》，黎万强著，中信出版社，2014 年出版。

10.《周鸿祎自述：我的互联网方法论》，周鸿祎著，中信出版社，2014 年出版。

11.《史玉柱自述：我的营销心得（剑桥增补版）》，史玉柱口述，优米网编著，文汇出版社，2017 年出版。

图书馆学专业不仅适用于图书馆

访 谈 者：乔真，东莞图书馆采编部馆员

被访谈者：彭庆元，40 后

访谈时间：2016 年 5 月底

乔真（以下简称"乔"）：彭老师好！您的诗集《脚印》收录了 1961—2014 年这半个多世纪以来，您利用工作之余创作的诗歌。五十三年来，写诗是不是您最大的乐趣？作为一名武汉大学图书馆学专业的前辈，我很想知道，您喜欢写诗、舞文弄墨，当初为什么没有选择中文系而是读了图书馆学专业？

彭庆元（以下简称"彭"）：是的，写诗是我年轻时最大的爱好。有人说，诗歌是青春的艺术。此言极是。我初学写作，诗歌便是我的缪斯。中学时我发表的第一首诗就是写给老师的，那时有点儿发狂，将来想当个作家或者诗人。高中毕业那年没有人好好指导我们填志愿，当时就填了武汉大学图书馆学系。以为进了图书馆好看书，没想到这是个科学管理图书馆的专业系科，进校后还因所学专业非所爱苦恼了一段时间。毕业四十年后回母校时，我很惭愧地对武大老师说自己数典忘祖、离经叛道，对不起老师。老师却很高兴，认为这不是与图书馆失之交臂，而是殊途同归。想一想，也是这个道理。

乔：我也认同大学本科教育属高等教育的基础，有了这样一个好的起点，今后走什么路，一半因个人爱好，一半是机缘。

在您的诗集中常常能够看到一些讴歌劳动者的诗，如《眼睛》《写在民族商店》《苗族刺绣》《玉兰花开》等，从这些诗中我看到了一个易感的诗人，有哪些您阅读过的书引领着您走向创作之路？

彭：我本应毕业于 1967 年，却因为"文革"的原因延至 1968 年，那时全国大学毕业生都被分配到军垦农场劳动锻炼，我被分配在黔东南自治州工作。那里山清水秀的自然风光、苗侗儿女的淳朴善良、随歌起舞的民风习俗培育了我的诗情，激发了更大的诗歌创作热情。因此我的诗歌创作在那时几乎达到了"井喷"。《贵州文艺》《山花》《花溪》《贵州日报》，以及外地的《作品》《北京文艺》等都

经常刊有我的诗歌。"文革"结束后，劳动者的身心得到解放，精神得到纾缓，我的笔触也经常关注他们，故而反映普通劳动者的诗篇也较多。至于"非典"时期写的叙事诗《玉兰花开》，是反映医务工作者的，广州有位护士长叶欣就是在那场战斗中牺牲的，后来她的事迹被排成一个音乐朗诵剧，感动了很多人。

我读的书很杂。年轻时喜欢读艾青的诗及《诗论》。李瑛、严阵、饶阶巴桑的，都看；唐诗、宋词、元曲也背，至于普希金、莱蒙托夫、雪莱、拜伦的也多有涉猎，但不专。我有一句读书心得，叫"读书无一定之规，适合即可；写作无稻粱之谋，心宽即福"。

乔：作为一名图书馆员，我注意到在您的《寻找》《追》《媒》几首诗中都涉及了以书为媒，以阅览室为传情点，这些爱读书的人将图书馆作为寻求知识的人生加油站，这是没有互联网的时代爱书的年轻人的一种恋爱模式，现在数字阅读、电子化阅读越来越多地嵌入现代人的生活中，80后、90后没有互联网就好像与这个世界隔绝了，马路上、餐馆中、旅途中随处可见低头一族，他们不再像老一代人那样喜欢纸质图书。对此您有什么看法？

彭：是的，我在以往的诗歌作品中，曾多次留下写图书馆与爱情的诗篇。这一方面是描写生活中真正发生在图书馆或与图书馆有关的爱情故事，博尔赫斯曾说"天堂应该是图书馆的模样"嘛。天堂就应该有美好的爱情。另一方面，也是我对自己学图书馆专业却又没有为图书馆服务的一种精神补偿。

到了互联网时代，人们不再以纸质书的阅读为唯一方式。电子书、手机阅读都已与纸质书阅读并存。这是时代的发展，社会的进步。一些新的国民阅读报告也涉及此变化。但是我始终认为，回归纸本，捧读图书，仍然是我们现今最好的最主要的阅读方式。

乔：您的《行走的足音》主要记录了您和夫人程亚南馆长一起行走世界的生活乐趣，在《德国，一个秋天的旅行》这篇游记中您引用德国著名作家歌德的一句话："每个旅游者对于旅途中应该看些什么，他的要旨是什么，应该胸有成竹。"彭老师，您可以说一下歌德这句话出自他的哪部作品吗？这部作品哪一点吸引您阅读？

彭：我在《德国，一个秋天的旅行》中，的确引用了歌德这句关于旅行前要做好资料、地理知识储备方面准备的谈话，亦即胸有成竹，方可自信远行。这句话，出自《歌德谈话录》中的《1823年11月3日（关于歌德的游记；论题材对文艺的重要性）》一篇。它告诉我们，必须做有准备的行动。所谓有备而来也。不然旅游就显得漫无目的。最近我喜欢写些旅游的短诗，如：到印度时写的《谒甘地墓》《访姜塔曼天文台》，如果先前不做一些功课，就会显得很茫然。旅游的价值也会大打折扣。

乔：在您的散文集《行走的足音》中，我能够明显地看出图书馆学专业对您写作的影响，很多文章的写作都做足了搜集资料的准备，可以谈谈这个专业对您的人生有哪些积极的意义吗？

彭：我学的是图书馆学专业，虽然实际生活中我从来没有参加过图书馆的管理，但是所学的专业知识却没有偏废，而是参与了自己人生的管理。知识是触类旁通、举一反三的，分类、编目，不仅可以适用于图书馆，也适用于自己工作、生活的管理，使之顺理成章、井井有条。

乔：您对未来的图书馆有一些什么样的设想？您觉得当今互联网时代，阮冈纳赞的"图书馆学五定律"还有价值吗？

彭：阮冈纳赞是印度一位有名的图书馆学家，他的"图书馆学五定律"对今天的图书馆事业依然有它的指导意义。首先他说书是为了用的。如果光藏不用，有何其用？这是其一。其二，他还指出图书馆是一个生长着的有机体。这更符合今天图书馆发展的现状，符合事物发展的永恒定律。有了这样动态的发展，图书馆事业才能不断前进。

乔：是的，我也认同当今的公共图书馆，用大于藏，在工作中一直践行"以用助藏"的图书管理理念。非常感谢您分享了您的读书、创作经历！

阅读书目

1.《脚印》，彭庆元著，名人出版社，2014年出版。

2.《黔南文艺》，都匀市文学艺术界联合会主办。

3.《贵州文艺》，贵州省作家协会主办。

4.《山花》，贵州省作家协会主办。

5.《花溪》，贵州省贵阳市花溪区文化站主办。

6.《贵州日报》，贵州省委机关报，创刊于 1949 年 11 月 28 日，当时取名《新黔日报》，1957 年改名为《贵州日报》。

7.《作品》(月刊)，曾用刊名《广东文艺》，1955 年创刊，广东省作家协会主办。

8.《北京文艺》，创刊于 1950 年 9 月 10 日，北京市文联主办，第一任主编为老舍，汪曾祺时任编辑部主任。1980 年 10 月，《北京文艺》更名为《北京文学》。

9.《诗论》，艾青著，人民文学出版社，1956 年出版。

10.《行走的足音》，彭庆元著，深圳报业集团出版社，2012 年出版。

图书馆陪伴着我的成长

访 谈 者：乔真，东莞图书馆采编部馆员

被访谈者：卢晓彤，90 后

访谈时间：2016 年 8 月至 9 月初

乔真（以下简称"乔"）：晓彤，记不记得，你是什么时候开始爱上学习的？在攻读学业之外，你的课外阅读广泛吗？

卢晓彤（以下简称"卢"）："爱上学习"，在读书时期我应该没有到达这个阶段。对我来说，上学读书更多的是完成任务，是步入社会前必须经历的阶段。如果要在读书时期选一个自己学得比较开心、有成就感的阶段，那就应该是初中。可能是青春期荷尔蒙的影响，也可能是因为还没感受到升学的压力，初中时上课、学习、写作业都觉得是有趣的，不那么枯燥无味。在攻读学业之外，我的课外阅读不算广泛，喜欢阅读校图书阅览室的各类杂志、图书馆中的国内外著名小说，当然少不了青春期孩子喜欢的言情小说。

乔：你的同龄朋友们现在是读纸质图书多还是电子图书多？刚从学校出来，初入社会，有时间读书吗？

卢：以前在电子书、平板电脑还没流行的时候基本都是阅读纸质图书，现在，特别是最近三四年，朋友们都喜欢读电子图书。但是电子书在阅读感受上是不能与纸质书相比的，现在我更喜欢买纸质书阅读。大学毕业出来工作之后基本没时间阅读，工作之后买的书都是为了积累工作技能而买的工具书，这样反而让我更渴望能够抽空读书，沉淀心灵的收获。

乔：你曾经就读的北京大学，图书馆馆藏丰富，在那里你收获了什么？有什么好书值得分享给爱读书的人？

卢：北京大学图书馆真的是一个很不错的读书的地方。在研究生阶段因为学习和工作安排较紧密，不能很好地享受北大图书馆的馆藏，使用最多的还是与课程有关的书籍和电子文献，不过好书挺多的，推荐两本有意思也能引发思考的书，阿图·葛文德的《最好的告别》、高铭的《天才在左　疯子在右》。

乔：父母亲平时爱读书吗？

卢：家里面，父亲、外祖父、祖父都是喜欢阅读的人。我在不识字的时候就经常看着柜子里的书籍，在读书识字以后也喜欢翻看父亲书柜中的小说，像《聊斋志异》《水浒传》《红楼梦》什么的。

乔：你觉得，未来的图书馆可能会是什么样子的？

卢：未来的图书馆相比于传统以藏书功能为主的图书馆，应该会更加注重数字化、网络化、服务多元化这几个方面的发展。数字化，现在在国内图书馆大部分都在做，就是把传统的纸本馆藏资源中比较珍贵、有价值的资源扫描成电子文件并备份。网络化让人们能够以更低的成本、更便捷的手段实时获取图书馆资源，吸引更多年轻读者访问图书馆资源。服务多元化是指图书馆在传统图书存储、借阅服务的基础上推出更多新形式的服务，以吸引读者、提高人们对阅读的兴趣。如为不同年龄段的读者举办形式多样的活动，在空间上创造舒适休闲的阅读环境和交流环境，提供更多生活上或其他方面的信息咨询服务等。总的来说，就是能够提供更加便捷、成本更低的多元化服务。

乔：的确是这样的，哈佛大学燕京图书馆藏中文善本古籍特藏与国家图书馆协议共同开发这批资源，将在六年时间内，完成中文善本古籍 4210 种 51889 卷的数字化拍照。上海图书馆也在他们的网站上设立了"无障碍数字图书馆"。东莞图书馆正在将"东莞书屋"中的地方文献资源进行数字扫描工作。目前，国内大型图书馆在网络化书目查询方面已基本实现，文献资源的网络化提供方面还在逐渐实施过程中。

阅读书目

1.《最好的告别：关于衰老与死亡，你必须知道的常识》，〔美〕阿图·葛文德著，王一方主编，彭小华译，浙江人民出版社，2015 年出版。

2.《天才在左　疯子在右》，高铭著，北京联合出版公司，2016 年出版。

3.《聊斋志异》，（清）蒲松龄著，上海古籍出版社，2005 年出版。

4.《水浒传》，（明）罗贯中、施耐庵著，人民文学出版社，1997 年出版。

5.《红楼梦》，（清）曹雪芹著，高鹗续，人民文学出版社，1996 年出版。

读书带给我良好的思考能力

访 谈 者： 乔真，东莞图书馆采编部馆员

被访谈者： 胡茂聪，80 后

访谈时间： 2016 年 8 月中旬

乔真（以下简称"乔"）： 小胡，你好！在东莞图书馆的"易读"书友会上得知你每周看完一本书，一年要读五十多本书，读励志方面的书比较多，你从这类"心灵鸡汤"式的图书中获得了什么？

胡茂聪（以下简称"胡"）： 读书一直是我最大的爱好，从学校出来工作后也都持续读书，但是刚开始却没有达到这个速度。随着学习的深入和理解的进步，现在做到了一周读一本书。为什么读"心灵鸡汤"类书籍比较多呢，因刚工作时，是需要正能量来支撑奔向自己的梦想和目标的。没有正能量的输入，就容易有失落感，无法到达自己的彼岸。理想很丰满，现实却很骨感。不断读书，思想才会有进步，进而思考的能力也会慢慢提升。良好的思考能力可以让自己在工作、学习中做正确的事，对一些事情的判断也会越来越准确。

乔： 你常参加读书会的活动吗？读书会的读书活动和你自己阅读有什么区别？

胡： 在 2016 年前比较少参加，因为之前的公司是在塘厦，自从 2016 年元旦之后公司才搬至寮步，后来我才慢慢加入读书会活动。我很喜欢这样的读书氛围，能够和伙伴一起学习分享。自己读书是静态的，而读书会活动是动态的，与大家进行互动，学习的氛围也会不一样，学习的效果也会更好，还能锻炼自己的表达能力，认识更多的伙伴。我喜欢分享，也喜欢读书。我相信吸引力法则，正因为自己有这样的能量，才会遇见大家。

乔： 你每天用于读书的时间是多少？你身边的朋友们喜欢读书吗？有哪些书对你影响深远？

胡： 读书时间不固定，忙时读得较少，闲时就读得比较多，但每天阅读的习惯还是一直保持。我身边的朋友大部分都喜欢读书，我通过读书在社交网络上还认识了更多的伙伴，探讨读书、写作、旅行，等等，这是让我开心的事情。目前大家约定一周一书，并且用思维导图输出笔记。掌握思维导图后，读书更快了，而且知识掌握得也

更好。这也令我很开心，当一个工具能够辅助我们学习，那我们成长得才会更快。有些书我现在会反复看，每看一次收获也会不同。在不同的阶段去反复阅读这些书籍，收获超出自己的想象。我喜欢看的书有《高效能人士的七个习惯》《结构思考力》《画出你的世界》《如何阅读一本书》《精进》《番茄工作法图解》《遇见未知的自己》，等等。

乔：你常到图书馆读书吗？在图书馆阅读与在其他地方阅读有什么不同？

胡：我一般周末去图书馆。图书馆书籍很多，可以找自己喜欢的，而且环境极好，我非常喜欢。周末图书馆还有很多活动，有市民学堂、读书活动、演讲，等等，在看完书后可以听讲座，进行头脑风暴，而在其他地方读书，则没有这样好的体验了。

乔：读书带给了你什么？

胡：读书带给我良好的思考能力，陶冶性情、修身养性、开阔视野。通过读书，与不同的作者进行思想交流，这也是我收获最多的。现在我的阅读层次也越来越高，吸收的知识越来越多，眼界也有了很大的提升。

乔：可以描述一下你心中理想的图书馆是什么样子的吗？

胡：无拘无束。不论身份，不论年龄，有齐全的书籍、舒服的椅子、优美的环境。想想就挺美好的。

阅读书目

1.《高效能人士的七个习惯：20 周年纪念版》，〔美〕史蒂芬·柯维著，高新勇、王亦兵、葛雪蕾译，中国青年出版社，2013 年出版。

2.《结构思考力》，李忠秋著，电子工业出版社，2014 年出版。

3.《画出你的世界：思维导图实战手册》，曲智男著，电子工业出版社，2013 年出版。

4.《如何阅读一本书》，〔美〕莫提默·J.艾德勒、〔美〕查尔斯·范多伦著，郝明义、朱衣译，商务印书馆，2004 年出版。

5.《精进：如何成为一个很厉害的人》，采铜著，江苏文艺出版社，2016 年出版。

6.《番茄工作法图解：简单易行的时间管理方法》，〔瑞典〕史蒂夫·诺特伯格著，大胖译，人民邮电出版社，2011 年出版。

7.《遇见未知的自己（修订版）：都市身心灵修行课》，张德芬著，湖南文艺出版社，2016 年出版。

一年要读十二本书

访 谈 者：乔真，东莞图书馆采编部馆员
被访谈者：马钰，90 后
访谈时间：2016 年 11 月上旬

乔真（以下简称"乔"）：很高兴你能够接受我的访谈。你这么年轻就做了高中的英语老师，学生一定很喜欢你吧？你会向你的学生推荐课外阅读的好书吗？工作之余，你一般读什么书？

马钰（以下简称"马"）：我现在所教授的是高一年级，孩子的年龄普遍在十五岁至十六岁，年龄差距不大，私下交流也有很多共同话题，平时相处也比较融洽。课堂外，我会给孩子们推荐一些适合他们阅读的书籍，比如充满爱心与童心的《小王子》；将哲学原理通俗演绎的《苏菲的世界》；感情真挚并且充满批判精神的《追风筝的人》。因为我希望孩子们在完成课业任务的同时，视野能更开阔，感情能更丰富，思想能更有深度，用自己的心去感受周边的人与物。当然，我工作之余也会保持一定的阅读量，比如最近阅读了安妮宝贝的《七月与安生》、张嘉佳老师的《从你的全世界路过》，英文的最近在看 Gone with the Wind（《飘》，又译《乱世佳人》）。

乔：在你工作的学校和家的附近有图书馆吗？你有利用图书馆的习惯吗？

马：学校就有图书馆。闲暇之时我会去图书馆翻阅一些感兴趣的书。

乔：学英语专业需要读大量外国文学作品，你对经典名著怎么看？近几年你平均一年读多少本书？

马：任何专业的学习都需要阅读大量书，英语专业也不例外。虽然时下网络文学日趋发达、传播广泛，但是经典名著依然有着大批的忠实读者。名著流传至今，也许其中有一些内容稍显过时，但是蕴含的道理与思想是永恒不变的，也许等我们的人生阅历更丰富之时，回头阅读又有另一番体会。大学时期每年大概能阅读二十本书，工作后有所减少，大概十二本。

乔：你用过图书馆的微信公众号吗？关注过图书馆的微博吗？

马：公众号和微博我都有关注，平时会关注图书馆的推文中有没有自己感兴趣的书。

乔：你和家人在一起时，谈论过阅读的好书吗？你会向父母等家人推荐他们感兴趣的书吗？

马：我和弟弟会就我们最近阅读的书交流彼此的看法，比如前面提到的《小王子》，因为不同的人视角不同，即使是同一个人在不同的年龄阶段也会有不同的感悟，在和他的交流中往往有很多的意外收获。对于一些好书，我也会有选择地向我的家人推荐，因为美好的事物需要多多分享，书也不例外。

乔：你喜欢的图书馆是什么样子的？

马：如果从一个读者的角度，我希望图书馆首先藏书种类要丰富，能满足我们广大读者的需求。再者，有一个良好的阅读环境，能让我安心享受自己的闲暇时光。最后，如果能有一个书籍分享的平台将会更好，可以将自己喜欢的书与书友一起交流分享。

阅读书目

1.《小王子》，〔法〕圣埃克苏佩里著，马振骋译，人民文学出版社，2003年出版。

2.《苏菲的世界》，〔挪〕乔斯坦·贾德著，萧宝森译，作家出版社，2007年出版。

3.《追风筝的人》，〔美〕卡勒德·胡赛尼著，李继宏译，上海人民出版社，2006年出版。

4.《七月与安生》，安妮宝贝原著，鬼鬼改编绘画，杭州出版社，2002年出版。

5.《从你的全世界路过：让所有人心动的故事》，张嘉佳著，湖南文艺出版社，2013年出版。

6. *Gone with the Wind*，〔美〕玛格丽特·米切尔著，天津人民出版社，2016年版，Kindle电子书。

享受阅读，享受图书馆

访 谈 者：乔真，东莞图书馆采编部馆员

被访谈者：秦文萍，70 后

访谈时间：2017 年 6 月初

乔真（以下简称"乔"）：你好，东莞政府从 2014 年开始建造"智慧东莞"，你现在看的书中有哪些书能够帮助你提升专业素质和管理能力？除了利用单位图书室之外，你还利用其他的图书馆吗？

秦文萍（以下简称"秦"）：我经常看的职业方面的书籍：一是介绍国外博物馆新理念方面的专业书，如《走进博物馆》《博物馆怀疑论》《学在博物馆》《新博物馆学手册》《新博物馆理论与实践导论》《博物馆管理手册》等；二是东莞地方史、当代东莞经济社会发展方面的书籍；三是国内一些紧跟时代发展要求的博物馆出版的刊物；四是有空闲的时候看看心理学、哲学方面的书。我馆图书室收集的书籍比较专业，所以主要利用本馆的图书室，其他类别的书籍主要到市图书馆去借阅。

乔：在教育孩子方面，你都从哪些书中获益？你看《读者》杂志是为了与孩子建立共同语言吗？

秦：教育孩子是个宏大的命题，和社会、家庭以及家长的性格、素养、习惯等都有关系，家长多看些教育方面的书籍对孩子教育是有帮助的，至少看完书以后能做到自知、理解孩子、调适相互之间的沟通方式。大部头的教育书看了《儿童发展心理学》《教育心理学》，其他比较热门的看得较少，个人推荐《父母效能训练手册》，这本书虽然前面辅陈太多，但很实用，不仅可以用于和孩子沟通，与成人沟通时作为参考也有很好的效果。看《读者》杂志其实是自娱，放松心情。回顾和孩子的交往，还真没有正经八百地就某一本书讨论过。小时候是陪伴，给予他爱和安全感；懂事以后就事论事，评论哪件事做得对做得好；读高中了基本上听他倾诉，偶尔说说我自己的想法，但不强求他接受。

乔：你每年订几份杂志？每年买多少本书？你喜欢的《三联生活周刊》什么

内容比较吸引你？

秦：现在订的杂志很少，平时阅读微信订阅号推送的文章比较多。每年大概买十多本书吧。选择订《三联生活周刊》首先主要是因为它采编实力强，其次是办刊宗旨突出、坚持，再次是紧扣城市生活时尚、热点等，选材小众、精准，比如慢生活、新科技、幼龄儿童留学、二孩调查、乡村建设的公益组织等都有报道。最吸引我的是它的专题专刊，比如酒文化、茶文化、四大名著解读、每年年末的年夜饭民俗探究等。

乔：在每次安排家庭旅行前，你会利用图书馆吗？还是直接在网上查询相关资讯？

秦：一般是在网上查相关资讯。

乔：在你家附近有图书馆或书店吗？除了逛网上书店，你一年去几次实体书店？

秦：很幸运，我当初的家就在东莞图书馆旁边，我们一家去图书馆的频次是比较高的，这也成为我吸引老家的亲人来我这里度假的"高大上"的理由。现在所在的小区也有一个小型的图书室，让我惊喜的是，里面的书籍不多不少，也能找得到合我口味的书籍。实体书店一年去有限的几次，购书基本上在网上买。

乔：你听说过图书馆的创意空间吗？你喜欢和期望的图书馆是什么样的？

秦：听说过，但没去过。我喜欢的图书馆可能只存在于想象之中，因为它既现代又古典，既能满足读者学习知识的要求，又可以迎合人们注重当下的现实体验：书的数量中等，不必包罗万象，应有尽有，但应该是经过精心选择，大多数读者看了之后会由衷地对图书馆的工作人员心生感激；它的环境是简洁、朴素的，有方便取放书的书架，有古朴狭长的书案，墙角的香案上，沉香袅袅；依托互联网技术，实现图书馆互通互联，资源共享，利用新媒体技术，举办线上线下活动，吸引目标读者，增强人群黏性，营建图书馆虚拟社区，提高图书馆的影响力和实用性。

乔：看来你是一个比较容易满足的读者，东莞图书馆的"台湾书屋""新书阅览室""绿色通道"和"特色馆藏图书"的藏书都是经过精心挑选的，近年新成立的学习中心推进部能够满足你线上线下的读书需求和对新知识的求知欲。"悦读在路上"以及"扫码看书，百城共读"，让读者可利用手机端阅读，如果你有兴趣可以参与体验。至于你提到的虚拟图书馆也就是数字图书馆，基本上是提供书目查询、电子图书借阅、电子期刊查询利用服务。图书馆的虚拟互动社区，现在比较集中于微信公众号。最后，希望你更多地利用图书馆，享受阅读的快乐！

阅读书目

1.《走进博物馆：北京地区博物馆大全》，北京市文物局、首都博物馆联盟著，北京出版社，2013 年出版。

2.《博物馆怀疑论》，〔美〕大卫·卡里尔著，丁宁译，江苏美术出版社，2014 年出版。

3.《学在博物馆》，〔美〕乔治·E.海因著，李中、隋荷译，北京燕山出版社，2010 年出版。

4.《新博物馆学手册》，〔美〕乔治·埃里斯·博寇著，张云、曹志建、吴瑜、王睿译，重庆大学出版社，2011 年出版。

5.《新博物馆理论与实践导论》，〔美〕珍妮特·马斯汀著，钱春霞等译，江苏美术出版社，2008 年出版。

6.《儿童发展心理学》，方富熹、方格著，人民教育出版社，2005 年出版。

7.《教育心理学》，张大均主编，人民教育出版社，2005 年出版。

8.《父母效能训练手册：让你和孩子更贴心》，〔美〕托马斯·戈登著，宋苗译，天津社会科学院出版社，2009 年出版。

9.《读者》，甘肃人民出版社、《读者》杂志社主办，1981 年创刊。

10.《三联生活周刊》，生活·读书·新知三联书店主办，前身为邹韬奋先生在 1925 年 10 月创办的《生活周刊》，1995 年由三联书店在继承传统的基础上于北京复刊。

周末家人共享图书馆阅读快乐

访 谈 者： 乔真，东莞图书馆采编部馆员
被访谈者： 罗树成，70 后
访谈时间： 2017 年 8 月中旬

乔真（以下简称"乔"）： 罗老师，您工作的学校有图书馆吗？您从松山湖图书馆借的书都是自己阅读吗？有没有家人共同阅读的？

罗树成（以下简称"罗"）： 我们学校有图书馆，还有学生、老师的阅览室，教学方面的很多书可从学校图书馆借到，但儿童文学类的书较少，所以，周末就会带上家人，一起到公共图书馆看书、借书。在图书馆中，我一般先满足儿子的阅读需求，然后，再找一些学校没有的期刊、文学名著及工作生活中有需要的书籍。通常都是一家人在图书馆里读书。

乔： 一个化学老师的自由阅读一般能够涉猎哪些方面？广博的阅读与专业定向阅读，您更享受哪种方式？

罗： 作为化学老师，除了在平时注意阅读自己专业发展需要的教育、教学的书籍外，有时间还读一些文学、科学、医学方面的书籍。广博的阅读比专业的阅读使人更快乐。

乔： 学校有读书会吗？您除了读纸质书外也读电子书吗？

罗： 学校没有读书会，松山湖图书馆有这样的活动，但没时间参加。除了书本阅读我也看电子图书，但我更喜欢纸本阅读，我对儿子特别要求尽量不读电子读物，我认为电子阅读对他的视力很不好。

乔： 松山湖图书馆文学书借阅量最大，您也和多数读者一样拥有共同的爱好。

罗： 我和我的家人很喜欢到松山湖图书馆读书。第一，环境好。一楼小朋友多，有点嘈杂，二、三楼很安静，一般周末，一位难求。当看书累了，馆外就是公园和绿道，自然环境能让阅读的人放松，调整自我。第二，藏书较丰富。我和儿子每次到图书馆，都能找到自己喜欢的书籍，每次都满载而归。第三，那里是学习、寻求心灵快乐的好地方。现在儿子读小学二年级，他很喜欢到图书馆看书、

借书，平时很喜欢漫画类，如，柯南、龙珠、介绍各地风土人情的书和历史漫画、科学漫画等。在我的引导下，他看了很多名著，如，我国的"四大名著"的儿童版，以及《列那狐的故事》《海底两万里》《八十天环游地球》《木偶奇遇记》《小王子》《小公主》《狼王莫克力》等。他也很喜欢看杨红樱、汤素兰、安武林、梅子涵等儿童文学名家的书，如："淘气包马小跳"系列、"笨狼的故事"系列等。除此之外，他还喜欢幽默的和科学侦探的书籍。所以，我认为图书馆给孩子提供了一个很好的学习平台，孩子也知道图书馆是学习并寻求心灵快乐的好地方。我除了浏览借给儿子看的书外，主要看名家的书，如林语堂、余秋雨、周国平、贾平凹等名家著作及一些古籍。这些书对提升自我、教育孩子都有帮助，同时让我感到读书很快乐！

乔：您寒暑假的阅读量比平常更多吗？您读过的哪些书令您难忘？

罗：假期读书比平时多一点，假期生活相对自由，暂停教学工作，有更多时间和孩子一起阅读，基本一个星期去一次图书馆、书店。我很喜欢读古文集和名家之作，并且儿子读的名家作品我都会看一遍，如余秋雨的《山河之书》、霍金的《时间简史》等。

乔：您想象中，什么样的图书馆，令您向往？

罗：我喜欢的图书馆是藏书丰富、环境优雅、安静舒适，让人感到有天堂般享受的图书馆。

阅读书目

1.《三国演义》，（明）罗贯中著，新疆青少年出版社，2013年出版。

2.《水浒传》，（明）施耐庵著，新疆青少年出版社，2013年出版。

3.《西游记》，（明）吴承恩著，新疆青少年出版社，2013年出版。

4.《红楼梦》，（清）曹雪芹著，新疆青少年出版社，2013年出版。

5.《列那狐的故事》，〔法〕季诺夫人著，闻钟主编，人民邮电出版社，2013年出版。

6.《海底两万里》，〔法〕儒勒·凡尔纳著，闻钟主编，商务印书馆，2012年出版。

7.《八十天环游地球》，〔法〕儒勒·凡尔纳著，闻钟主编，人民邮电出版社，2013年出版。

8.《木偶奇遇记》，〔意〕卡洛·科洛迪著，孙凤霞改写，辽宁少年儿童出版社，2017年出版。

9.《小王子》，〔法〕安托万·德·圣埃克苏佩里著，李继宏译，天津人民出版社，2013年出版。

10.《小公主》，〔美〕弗朗西丝·霍奇森·伯内特著，李文俊译，北京十月文艺出版社，2016年出版。

11.《狼王莫克力》，〔英〕鲁约德·吉卜林著，森林译，中国华侨出版社，2005年出版。

12.《山河之书》，余秋雨著，长江文艺出版社，2012年出版。

13.《时间简史（插图本）》，〔英〕史蒂芬·霍金著，许明贤、吴忠超译，湖南科学技术出版社，2010年出版。

14."淘气包马小跳"系列（24册），杨红樱著，浙江少年儿童出版社，2016年出版。

15.《笨狼的故事》（10册），汤素兰著，广州出版社，2013年出版。

图书馆，生命正能量驿站

访 谈 者：乔真，东莞图书馆采编部馆员

被访谈者：宁芳，80 后

访谈时间：2017 年 8 月中旬

乔真（以下简称"乔"）：您好！您一年在图书馆借了两百多本书，并且持续三年都维持这样的阅读量，读书带给您很多快乐吧？

宁芳（以下简称"宁"）：是的，每当我觉得自己情绪低落的时候，都会去图书馆，有时候会泡一天，为精神补充能量，为心灵寻找慰藉。每次闷闷不乐进去，都能开开心心出来。书籍为我指点迷津，让我重新充满希望，继续前行。

乔：您从什么时候开始保持利用图书馆的习惯？图书馆阅读在您的阅读中占有多大比例？

宁：在小学读书的时候，就开始去图书馆看书、借书，后来出来工作了，也一直坚持最少一月一次。图书馆阅读占我阅读的 90% 吧，之前有订阅杂志、报纸，也会用手机浏览一些电子书。

乔：您参加读书会的活动吗？一般选择图书时会参考畅销书排行榜吗？阅读好书之后，您通过什么途径与人分享？有记读书笔记的习惯吗？

宁：读书会的活动，有时间的话会参加，如果畅销书排行榜里有自己感兴趣的书也会参考。有时朋友聊天或者生活中遇到问题时，书中学到的东西会用到，但更多的时候，它们会开导我走出困境。我一直都有做读书笔记的习惯。

乔：除了身边的图书馆，您还利用过其他图书馆吗？

宁：一般优先选择身边的图书馆，方便的时候也会去其他的图书馆。

乔：您知道每年夏天东莞图书馆举办的"您看书，我买单"活动吗？这样的活动能够吸引您参与吗？

宁：知道这个活动，有机会很乐意参加。

乔："扫码看书，百城共读"，您知道吗？对电子阅读，您的见解是什么？

宁：不是很清楚这项读书活动，也不是很喜欢电子阅读，除了每天会上网浏

览新闻。阅读还是喜欢看纸质书籍，喜欢纸张与油墨的味道，这是电子书永远无法替代的。电子阅读的最大好处就是便捷。

乔：您理想中的图书馆是怎样的？

宁：有一个良好的阅读氛围，藏书量丰富，经常举办一些教育、人文、心理、亲子等方面的沙龙或讲座。最后希望图书馆交通便利。

乔：东莞图书馆有两百多万册藏书，系列化的讲座涵盖教育、心理、保健、亲子等多方面内容，品赏咖啡、插花培训、形体训练、读书会、语言培训班等各类沙龙活动也常常在市民空间举办，地铁站相距不远，公交四通八达，看来能够满足你的大部分需求啦！

日日忙乐于书中

访 谈 者：乔真，东莞图书馆采编部馆员
被访谈者：小杨，90 后
访谈时间：2018 年 1 月中旬

乔真（以下简称"乔"）：你们和图书馆合作筹备的社区阅览室大约有多少册书？大概什么时候可以对读者开放？

小杨（以下简称"杨"）：五千册，现正在图书馆流转书库选书，希望与我们书店的书有一个内容上的互补，吸引更多的读者。书店周边有多个居民小区，大约三公里内都没有社区图书馆，刚好云上书屋三楼还有一些空间，可以设置一个小型的阅览室。东莞图书馆首次投放五千册图书，之后定期更换部分图书，这样可以惠及周边爱书的市民，我们书店也常常接待一些只读不买的读者，现在有一个图书馆驿站式的阅览室，能够更好地满足他们的需求，喜欢的书可以借回家。阅览室预计春节后可以对读者开放。

乔：你们书店有公司读书分享会活动，这类活动是你们主办还是有公司租你们的场地？通常有多少人参与？

杨：有的是公司租场地与我们合作组织读书分享会。我们会根据合作方提供的意向选书，参与的读者很喜欢我们策划的活动，不涉及公司的业务，纯粹是享受读书，公司员工也在读书分享会中发现同事工作之外的业余时间都挺喜欢阅读，而且读的书还挺有内容。有的是和我们合作一起策划活动，公司自己组织的活动一般会涉及商业利益。

一般每次活动二三十人，四五十人，不会再多了，一是场地的限制，二是人多，分享的效果并不一定好。

乔：我看你的朋友圈发过"诗歌进工厂交流会"。

杨：这个活动和"'诗韵水濂'第七届诗歌文化活动日"都不在我们书屋举办，是我自己比较有兴趣，个人去参加，兴之所至，随手拍了发朋友圈。在我们那儿，举办过一个南城文学创作颁奖活动，一些活跃在东莞文坛的作者都去了，写古文

《皇溪行》的作者也来了。那次活动办得挺好,《东莞日报》政文部的人也参加了。

乔:"《关键对话》心理练习＆读书沙龙"是一个什么样的活动?

杨: 这是我们和一个心理咨询机构一起搞的活动,通过分享这本书的阅读体会促进与人交往的沟通能力。这个活动不定期举办,是我们和合作方能双向式选择,一般都是一些年轻白领参与,通常年龄在20岁到30岁之间,他们希望通过参加这类沙龙活动不断进步,提升自己。

乔:"诵读中华经典,感知文化魅力——妙在读书"这个活动有哪些内容?

杨: 这个活动主要是一群爱读书的人聚在一起,大家一起朗读一本书,再畅谈读书感想。这一类的活动,我们一直都在做,每次形式不定,合作方也有多个。2018年我们已计划每个月共读一本书,这个月我们选了《苏菲的世界》,月初,我们在微博和豆瓣上征集读者,然后每天主持人都将自己的读书笔记上传,分享给共读的读者。有的人,不一定每天都有时间读书,他们可以通过看我们的读书笔记了解这本书,下周确定一起来分享这本书的人,我们会把读书资料定向发给他,这样他过来时,就不至于对这本书一无所知。一年下来,我们希望参与共读的人至少读十二本书。

乔: 你们策划的换书活动是不是也是一个以书会友的活动?

杨: 对,每次有十几个人参与,每个人都选一本自己喜欢的书,推荐书时还要介绍自己。参与活动的人,在选择书的同时交到一个兴趣爱好相投的新朋友,也有的人通过参与活动发现新的关注点,拓宽自己的兴趣、爱好。有的人大学可能是理科或工科专业的,他平常的个人阅读通常就局限于专业范围内,有的文科生只读文史哲,参加这个活动后,他跳出了自己以前固守的小圈子,选书的视野也变得更宽泛了。

活动第一轮最后一本书会出现没人选的可能,然后我们再进行第二轮互换活动,第一轮拿到书的朋友,看到书以后,发现自己并不像推荐人一样十分欣赏这本书,其实对别人手上的书可能更有兴趣,那么,我们给每个人约三分钟时间去沟通、说服,进行再次交换。这样的活动我们做过两次,大家都很喜欢。参与过活动的书友建议我们每个月举办一次,但我们感觉太频繁了,对一本书的深入阅读需要一些时间,2018年尽量每季度做一次。

乔：和东莞图书馆合作举办过"易读朗读之云上下篇"活动，这个活动主要是诗歌朗读吗？

杨：是，我们那时也是借着 CCTV《朗读者》节目最火的时候策划了一期诗歌朗读活动，正好图书馆易读书友会的李正祥老师也来了，那次参加朗读分享活动的人都是一些在自己从事的专业方面比较优秀的人，除了朗诵之外，每个人也分享一些自己的读书经历，听的人很有触动，活动办得挺成功。我个人之前也到图书馆参加过"易读书友会"的读书分享活动，后来就和李老师商定策划了两次诗歌朗诵活动，今年还有此类活动一起做，挺受欢迎的。

乔：云上书屋 2017 年还开设过一些专题讲座？

杨：是，这些都是我们的书友开设的，我们只是提供一个平台，让"云上"的书友通过这个平台展示他们所擅长的，如法律方面的讲座、《红楼梦》欣赏、摄影作品欣赏、书法拍卖，书友们在这里也可以结交一些不一样的人，大家相互支持。

乔：云上书屋开在万科文化创意园内，有没有自己的品牌？

杨：现在暂时还没有，以后我们希望找一些合作方设计一些文化创意产品，有自己的 logo，形成自己的品牌。这里也是万科集团旗下第一个文化创意园，现在还不成熟，在探索阶段。

乔：每天早上，你都会在朋友圈发一条"每日分享"，分享的内容有诗、散文或书中摘录的一段话，很有意思。

杨：这个是我们老板建议的，他让我在"云上"朋友群中每天发一点跟文化有关、篇幅不长的小东西，我在看书的时候会将一些很感动的片段留下来，等到早上发一条，新入群的朋友都会关注，时不时点个赞，一天、两天不觉得，时间长了，日积月累，回顾的时候，会觉得做了一件挺好的事。

乔：你统计过一年在朋友圈中发布多少本书吗？

杨："云上"公众号每周推荐一本书，书店每周选一本书在朋友圈中打五折促销，其他不定期也会推荐一些书。

乔：一年一般五十四周，也就是定期推介一百零八本书，加上不定期的，一年一百多本。"云上"还经常放电影，以前是每周一场，现在周三晚上又增加了一场，这些电影对图书阅读有促进作用吗？

杨：是，有一百多本。有一些电影很经典，年代久远一些，但都是很好的片子，比现在影院放映的电影要好得多，对阅读的促进，一定有。我们希望播放这些电影能够吸引更多的人走进书店，多年以后，如果能够让在"云上"看过电影的人想起在"云上"看电影的某个片段，就很好。

阅读书目

1.《东莞日报》，东莞日报社主办，1986 年 6 月 1 日创刊。

2.《关键对话》，〔美〕科里·帕特森著，毕崇毅译，机械工业出版社，2012年出版。

3.《苏菲的世界》，〔挪〕乔斯坦·贾德著，萧宝森译，作家出版社，2017 年出版。

4.《红楼梦》，曹雪芹著，高鹗续，人民文学出版社，1996 年出版。

书中寻乐

图书犹如空气一样重要

访 谈 者：乔真，东莞图书馆采编部馆员

被访谈者：谢钰，50 后

访谈时间：2015 年 6 月中旬

乔真（以下简称"乔"）：你好，谢老师。你利用图书馆的经历多吗？作为电视台资深记者，你每次采访完之后，撰写稿件需要查资料时你是利用互联网多呢？还是利用单位资料室多？工作中有没有利用图书馆的需求？

谢钰（以下简称"谢"）：书在我的一生中如同水、空气、食物一样，是绝对不能缺少的必需品，无论人生的什么阶段都会对书籍有各种各样的需求。在互联网尚未兴起的年代，书的来源除了购买，有不少就是到图书馆借阅获得。因此，图书馆一直就是我的一个好朋友、好老师。

记得十二三年前，我第一次接触心理学课程，第一次认知普通心理学、社会心理学、发展心理学、健康心理学、心理咨询等知识，除上课获得、部分从书店购买外，大多都是到图书馆借阅书籍获得的。那时，网络不如现在发达，听完老师的课，你得广泛涉猎这方面的书籍，于是图书馆为我提供了这方面的资源。我借阅了《西方心理咨询经典案例集》《心理学与生活》《心理咨询与治疗》《人格心理学》等书，那时一两个月要去一次图书馆，一次借上五六本书。到图书馆借书有个最大的好处就是，因还书的压力可以促使你抓紧时间多读书、快读书。这种压力让你无形中看了不少的书。正是有了身边的图书馆，我顺利地完成了心理学课程学习。

另外印象深刻的还有，2006年我在东莞理工学院代课教学生新闻摄影课、电视专题课时，我到图书馆翻阅了大量的资料，借阅了《电视画面创作技巧》《创造性的采访》《电视节目编导教程》《电视摄影与编辑》《新闻摄影学》《摄影画面构成》《影视摄影构图学》《摄影技巧与数码影像：凝聚美的瞬间》等书，丰富了我的讲课内容，学生们对我的讲课给予了好评。而阅读这些书，为我日后在电视台从事纪录片创作奠定了理论基础。

在工作中当然也有用到图书馆资源的时候，因我在电视台做过新闻采访、电视专题创作、纪录片创作、电视文艺节目创作、电视包装、电视宣传片创作等工作，也做过电视栏目。特殊的工作性质，需要我们不断学习国内外最新的电视节目形式及创作手法，因此，我到图书馆汲取知识，通过借阅《电视纪实作品创作》《电视节目创作与编导》《理解电视：电视节目类型的概念与变迁》《世界电视节目荟萃》《电视玄机：性、谎言、宣传片》《电视专题与电视栏目》《"调查"十年：一个电视栏目的生存记忆》《大事件下的中国传媒》《创造性的编辑》《2007中国电视纪实节目发展报告》《铸造CNN》《内容为王：中国电视类型节目解读》《电视节目编排与包装》《电视文艺编导基础》等来扩大眼界，提高工作技能。正是如此，我才没有在电视日新月异的变化中落伍。

作为记者，当采访一些新鲜事物或新科技、新发明时，我们都会要查找资料，使报道更为准确。说实话，以前互联网不发达时，肯定会到图书馆查找资料。随着互联网的发展，我们查找资料更多的是通过互联网，不仅方便，还大大提高了工作效率。

乔：图书馆作为一个地区或城市的文化坐标，你从记者的角度看，有什么不同？

谢：图书馆不仅是一个城市的文化坐标，更是一个城市文明程度、城市品格的象征。我始终认为，图书馆建设是政府为民、惠民、利民的重要举措。图书馆与每个市民都息息相关，无论你是弱冠之年，还是耄耋之年，都能在图书馆里找到你的快乐。

我很认同这句话："一个人的精神发育史，实质上也是一个人的阅读史；一个民族的精神境界，在很大程度上取决于全民族的阅读水平。"阅读可以改变一个人的命运，可以改变一个人的一生。

我相信很多人都会根据自己的生活水平选择从书店里购买可以收藏或是经常要用的工具书，再就是到图书馆去选择性阅读书籍。而每个人生活水平不同，有的人可以从书店买书，但更多的人会选择到图书馆借书阅读。所以，图书馆是一个城市必备的设施，透过图书馆这个窗口，你可以了解这座城市，了解这座城市的文化。我很自豪，东莞有一座这么大、设施一流的图书馆，它不仅是东莞的标志性文化建筑，更是东莞人的精神寄托。每当我有朋友远道而来，我都会带他到图书馆去看看，都会在朋友面前显摆显摆。

乔：图书馆在你的生命中有没有影响？

谢：前面已经说过图书馆对我有很大影响，至少它让我学到了不少知识，扩宽了视野，完成了自己的工作。也让我节省了不少资金，获取了更多的帮助，以及素质得以提高。

即使互联网如此发达，我们都可以从互联网上快捷地获取很多所需的知识，但图书馆还是我们生活中不可或缺的公共设施，纸质书籍还会是我们阅读的一部分，它毕竟是电子书籍无法取代的。

乔：可以分享一些你认为值得读了又读的书吗？

谢：《十万个为什么》是我喜欢的科普书籍，随着时代发展，这套丛书也不断开辟新的领域，增加新的系列，所以这套书，是我认知世界最基础的读物。《上下五千年》让我了解中国的历史。《语林趣话》，通过介绍汉字的起源、汉字的奥秘，让你了解中国博大精深的汉字。

我总觉得每个人最好学点儿心理学，可以改变自己对他人、事物一些不正确的认知，《人格心理学》值得一读。

当然还有很多书，如《中国家训史》《假如给我三天光明》《一生的忠告——

一位外交家爸爸给孩子的信》《不能承受的生命之轻》等都是值得阅读的书。

阅读书目

1.《西方心理咨询经典案例集》，徐光兴主编，上海教育出版社，2003 年出版。

2.《心理学与生活》，〔美〕理查德·格里格、菲利普·津巴多著，王垒、王甦等译，人民邮电出版社，2003 年出版。

3.《心理咨询与治疗》，江光荣著，安徽人民出版社，2001 年出版。

4.《人格心理学》，〔美〕Jerry M. Burger 著，陈会昌等译，中国轻工业出版社，2010 年出版。

5.《电视画面创作技巧》，黄匡宇等著，中国广播电视出版社，2002 年出版。

6.《创造性的采访》，〔美〕肯·梅茨勒著，李丽颖译，中国人民大学出版社，2003 年出版。

7.《电视节目编导教程》，刘坚著，中国传媒大学出版社，2004 年出版。

8.《电视摄影与编辑》，任金州、高晓虹著，北京广播学院出版社，1997 年出版。

9.《新闻摄影学》，吴建编著，四川大学出版社，2005 年出版。

10.《摄影画面构成》，李强著，广西师范大学出版社，2004 年出版。

11.《影视摄影构图学》，郑国恩著，中国传媒大学出版社，2001 年出版。

12.《摄影技巧与数码影像：凝聚美的瞬间》，茅永宽著，上海科学技术出版社，2004 年出版。

13.《电视纪实作品创作》，高鑫著，学苑出版社，2002 年出版。

14.《电视节目创作与编导》，张静民著，暨南大学出版社，2004 年出版。

15.《理解电视：电视节目类型的概念与变迁》，〔英〕大卫·麦克奎恩著，苗棣、赵长军、李黎丹译，华夏出版社，2003 年出版。

16.《世界电视节目荟萃》，唐世鼎、黎斌主编，中国传媒大学出版社，2005 年出版。

17.《电视玄机：性、谎言、宣传片》，〔美〕戴尔德丽·汉森、乔迪·F.戈特利布著，刘硕译，中国传媒大学出版社，2007 年出版。

18.《电视专题与电视栏目》，郑保章主编，中国广播电视出版社，2007年出版。

19.《"调查"十年：一个电视栏目的生存记忆》，《新闻调查》栏目组编著，生活·读书·新知三联书店，2006年出版。

20.《大事件下的中国传媒》，黄菊芳主编，中国民主法制出版社，2009年出版。

21.《创造性的编辑》，〔美〕多萝西·A.鲍尔斯、黛安娜·L.博登著，田野、宋珉等译，中国人民大学出版社，2008年出版。

22.《2007中国电视纪实节目发展报告》，刘效礼主编，中国传媒大学出版社，2007年出版。

23.《铸造CNN》，〔美〕里斯·舍恩菲尔德著，陈虹译，机械工业出版社，2004年出版。

24.《内容为王：中国电视类型节目解读》，胡智锋、张国涛著，中国国际广播出版社，2006年出版。

25.《电视节目编排与包装》，周经主编，中国国际广播出版社，2003年出版。

26.《电视文艺编导基础》，游洁著，中国国际广播出版社，2009年出版。

27.《十万个为什么》，韩启德总主编，少年儿童出版社，2014年出版。

28.《上下五千年》，林汉达等著，少年儿童出版社，2011年出版。

29.《语林趣话》，时学祥主编，四川辞书出版社，2007年出版。

30.《中国家训史》，徐少锦、陈延斌著，人民出版社，2011年出版。

31.《假如给我三天光明》，〔美〕海伦·凯勒著，刘军译，陕西师范大学出版社，2009年出版。

32.《一生的忠告——一位外交家爸爸给孩子的信》，〔英〕查斯特菲尔德著，刘树林、崔黎丽译，海潮出版社，2001年出版。

33.《不能承受的生命之轻》，〔捷克〕米兰·昆德拉著，许钧译，上海译文出版社，2003年出版。

读书，令我的人生更宽广！

访 谈 者： 乔真，东莞图书馆采编部馆员

被访谈者： 刘建中，50 后

访谈时间： 2015 年 9 月中下旬

乔真（以下简称"乔"）： 刘老师，您好！很久没见了，这几年全民阅读活动不断深化，爱读书的您可以谈谈，读书让您的人生与您的同龄人相比有何不同吗？

刘建中（以下简称"刘"） 首先要感谢乔老师和东莞图书馆对我读书、用书，以及参与市民读书的一贯鼓励，还有东莞读者对我的喜爱。我是一个普通的读书人，但深知读书艰苦，"板凳要坐十年冷，写作不能空对空"。没有老师指点、同学相伴、朋友鼓励，读书的路上是很孤独的。感谢在全民阅读的过程中，一路有你、有他，我们互相学习交流、鼓励前行，才使读书有了更多的乐趣和劲头。从 2012 年开始，东莞市民将"全民阅读先进个人"的荣誉给了我；2013 年东莞市妇联从数百个读书家庭中把我家推荐给广东省南国书香节，广东省宣传部、文明办、妇联和家庭文化研究会，从二十二位广东全省推选的"书香之家"代表中把我家选为"广东省第七届十大书香之家"，2014 年广东省宣传部、精神文明委员会等四家单位又联合推荐我家参加国家新闻出版广电总局组织的"全国首届书香之家"参评并获得了此项殊荣，使我家成为东莞市荣获"全国首届书香之家"的两组代表之一。我和我的家庭能够连续荣获这些荣誉，是我一家人的骄傲，更是东莞人民的骄傲。因为我和我家只是东莞千百万爱好读书之家中很寻常的一家。在东莞，比我们读书多、藏书多、贡献大的家庭很多，可以说，各个镇、各个街道、各个单位都能找到不少。2014 年，我注意到一项官方统计，在广东省全民活动中，人均买书读书最多的城市名次里，东莞排名第三，虽然在广州、深圳之后，却居全省各地级市之首。这说明东莞的全民阅读活动在广东省，开展得很好，是拥有良好的阅读风气的。而东莞同龄人读书成果之多，出版的图书之多，也是居于全省前列的。我和东莞的读书人一样，只是借助全民阅读的良好氛围，在读书、用书方面更进了一层楼，加了一把劲而已。

乔： 早在 90 年代，因为一份我们馆办的《图书评论》，您携稿来到了图书馆，从此与图书馆的缘分一直延续至今。东莞图书馆，两次搬迁，规模一次比一次大，您是见证者，您觉得，图书馆对于一座城市的重要性体现在哪些方面？

刘： 上个世纪 90 年代初，我来到东莞，认识的人很少，工作之余，最大的消闲就是读书。市图书馆和书店，是我去得最多的地方，也是我每到一个地方最先结缘的地方。在市图书馆，我认识了你、冯玲和后来的蔡冰等一大批至今让我难忘的老师和书友。这其中印象最深的有三件事：第一，图书馆的老师在馆内会定期或不定期地召开读者座谈会，对购书、借书、用书等方面的意见和体会进行交流，大家互相启发，很开心。我是常受邀请者之一。第二，图书馆办了一份装帧朴素、内容贴近读者的刊物，后定名为《图书馆与读者》。我们参加座谈会时，每人会得到一本。读了《图书馆与读者》之后，就想给这个刊物投稿。我的《读书三境界》三期连载，就是在这个刊物发表的。热心给这个刊物投稿的人有东莞著名学者杨宝霖先生、地方文史学者张磊先生，还有一批最早来东莞打工的文化人，如胡磊先生。我所收藏的这份刊物二十年后成了文物。当年为此刊写稿的人现在都老了，他们一见我收藏的这份刊物，亲切得眼圈都湿润了，因为那个年代在物质条件那么差的情况下，还有那么一批人那么热爱读书，真是难得！第三，有一个很不错的读书会。乔真老师组织图书馆的老师带头写书评，推荐好书、引导读书，带动了全市一大批爱好读书的读者参与到推荐好书的行列中来，自己动手写书评，也互相启发写推介性的读后感。记得，当时有几篇书评写得很好，有评贾平凹《故里》的，有评路遥《平凡的世界》的，还有推介东莞文史资料汇编和地方志。总之，东莞图书馆发展到今天，东莞的全民阅读能有今天，和过往时代的前辈的付出是分不开的。

因为关注、关心东莞图书馆，我见证了东莞图书馆的变迁。市图书馆最早设在当今的莞城区政府所在地，距当时的青少年活动中心、西城楼很近，在凤凰酒店旁一个很不起眼的小巷中，和现在的镇、街道的图书室差不多。书少，借阅室也小。1993 年，位于市人民公园一侧的东莞科书博广场完成了，东莞图书馆与博物馆、科学馆连为一体且金鸡独立，成为东莞最亮丽的建筑文化风景。又过了十年，东莞提出建设文化新城，目标之一就是建设图书馆之城。市图书馆乘此东风，不仅建成了当时全国最漂亮最宏伟的市级图书馆，而且在人才配备和技术管理上也达到了国内一流水平。特别是24小时不落幕的图书借阅网连接全市三十二个镇街图书分馆，图书资源共享，让东莞人感受到了文化惠民的好处。我作为市委党校的文化教授，多次向来东莞学习参观的党政干部介绍东莞图书馆。我说，什么叫文化惠民？东莞图书馆的做法就是文化惠民。当然，他们的经验远不止这一点，比如市民讲堂、读书金三角，还有定期报告会和各种专题图片展，等等。

乔：每天除了完成日常教学外，您一直笔耕不辍，出版了数量不少的著作，还享有国内契诃夫小说研究专家、莞香文化倡导者的美名。请您介绍一下这方面的情况，好吗？

刘：在东莞的二十多年，我的工作很多也很累，是教师，是班主任，是文化研究室主任，是校刊副主编、学术委员，还是科研人员、调研人员，到了快退休的年龄，还被大家推选为东莞市莞香文化研究会会长。一份信任，一份责任，一份担当。用我所在单位中共东莞市委党校所提倡的话说，叫一身多职，一专多能。其实，我有自知之明，我的职责就是尽一个读书人的本分，把该做的事情做好。我的多能，就在于我能够不松懈地读书、用书、讲书、著书，在有限的时间、空间和有限的人生中，坚持终身阅读，把读书、讲书、著书贯穿于生命的每一阶段。我努力做到这一点。但我透支得很多，差不多把身体都搞垮了。这两年不得不放缓步伐，否则支撑不下来。

在党校，我为党政干部的学历进修、素质提升讲了十多门文化课程，开设了党建、时政、心理、语言等方面的专题课四十多个，带了数十个班外出学习，做了大量文化调研工作的同时，还坚持契诃夫小说研究、文化理论与实践研究、文学写作与评论研究和地方特色文化研究，发表学术论文三百多篇，出版专著、编著、教材二十多种，其中《契诃夫小说新探》《契诃夫小说欣赏》获陕西省外国文学研究成果奖、广东省党校系统科研专著奖、广东省写作学会优秀成果奖，《大岭山上荔枝红》《寻访莞香》《兰斋小语》《突破与超越》《家教歌诀》等散文、评论、诗歌集分别获年度文学奖或评论奖，《莞香的文化学意义》《论21世纪中国文化的发展方向》《全民修身与培育践行社会主义核心价值观》等二十多篇论文获全国、省市和党校优秀论文奖。近年还出版了供全国党校干部学习的《中国文化发展之思——兼谈岭南文化建设的若干问题》（国家行政学院出版社出版，获 2016 年度东莞市精品工程奖），以及供全国香界作为培训教材的《莞香文化导论》等（现代出版社，2017 年出版）两种较有影响的专著。

契诃夫小说研究、文化建设研究和莞香文化研究是我的三个特色项目。因为我从上个世纪开始到本世纪的最初十五年，一直没有间断过对契诃夫的研究并在大学讲堂、市民讲坛开设过契诃夫的小说世界，外界大概认为我是 50 后有影响的研究者之一吧。我在东莞的二十多年，关注我国文化建设问题，关心地方特色文化，最早撰文论述中国特色社会主义文化建设和全民培育和践行社会主义核心价值观，开设这方面的专题课，也是全国比较早倡导莞香文化并撰写论文的学者，有一批论文发表在《中国社会科学报》《文化月刊》等国内有影响力的学术报刊上，出版了《莞香文化导论》专著。所以，香界朋友送我的外号叫"莞香刘""莞香教授""莞香文化倡导者"。我的"读书人光有书不行，还得有香"的观点被读书人广泛接受，书香和莞香完美结合，才更能使人体会读书的乐趣。

学术界、读书人能够大方地把契诃夫研究、文化学者和莞香文化倡导者的美誉给我，是对我的鼓励，也是我家为什么被东莞人民推荐为"全国首届书香之家"代表的主要原因之一。我要说的是，我虽然坚持了，但做得很不够，比如对莞香文化产业前景的研究，还应该团结更多的学人，带更多的新人一起来做，仅有一代人、一批人的努力，是远远不够的。作为读书人，我为东莞人民的文化提升和地方特色文化的推广做了一点奉献，但只是沧海中的很小一滴。感谢乔老师的一路鼓励和书友、香友的支持。

乔：您现在每年读多少本书？最近哪些书您觉得值得一读？除了查资料外，您还利用图书馆的哪些阅览室？

刘：这几年我立足东莞，面向全国进行文化教学、调研，承担了"东莞文化产业发展""东莞城市形象提升""东莞莞香的发展前景""东莞水文化资源整合""东莞客侨文化发展现状分析""东莞莞香与香港地名的关系""东莞市莞香文化立体开发""东莞城市形象与品牌建设""东莞美丽乡村建设研究"等资政性较强的课题，同时承担了广东文化强省、东莞文化名城建设、党政干部的思想道德建设等新课，需要读很多地方文献和历史文化方面的书。由于精力和时间有限，我只能选择最需要的书读。首先，要读中国传统文化，以此为基础，读关于中国近代史、中国共产党党史和中国特色社会主义理论、新时代中国特色社会主义思想，以及关于实现中国梦的一系列著作。其次，要读好岭南地方文史书，进一步了解和把握地方特色文化，以便学以致用，为市委、市政府和各镇街搞好文化建设出谋献策，为党校学员和社会听众提高文化素质尽心尽力。最后，我还希望再出两部新著：一是《新时代新国学》，一是《兰斋香语》。前一部著作，希望能回答国人要解决的一系列根本性的问题，后一部希望能总结一下我个人在读书的道路上的心得和体会，以及书友们给我的一些启发。届时，请书友们品评。

乔：您的家人是怎样共同享受阅读的？有什么好的经验分享给爱好读书的朋友们吗？

刘：我在广东省评十大书香之家的专家评审会上有一个发言。发言时，我讲了四句诗："慈母添香儿读书，贤妻沏茶伴读书。女儿进步勤读书，全家幸福靠读书。"这首随感诗把专家们的兴趣给提上来了，他们要我当场解释。我说，读书要静心，心不静读不进去。东莞有好香叫莞香，我老母亲八十多岁了，每到我读书时刻就会给我添一支莞香。这是我从古书中借来的意思，古书不是有"红袖添香夜读书"之说嘛，我把"红袖"改成了"慈母"。老母亲亲自给儿子读书添香，要知道老辈人对后代寄托了多大的希望啊，老人家是在用自己的行动，提醒儿子读书可不能忘记了书中的"忠""孝"二字。至于贤妻伴读、女儿勤读就不用说了，关键是要养成爱书、读书的习惯。有了读书、爱书的好习惯，再把读书、用书、著书融入自己的生命生活之中，也就其乐无穷、受惠无穷了。读好书，用好香，学用结合，奉献社会。这大概就是我要和书友们交流的一点浅薄的体会了。

阅读书目

1.《故里》，贾平凹著，中原农民出版社，1987年出版。

2.《平凡的世界》，路遥著，人民文学出版社，2005年出版。

3.《契诃夫小说新探》，刘建中著，陕西人民出版社，1991年出版，2009年再版。

4.《契诃夫小说欣赏》，刘建中著，陕西人民出版社，2009 年出版。

5.《大岭山上荔枝红》，刘建中著，中华工商联合出版社，1997 年出版。

6.《寻访莞香》，刘建中著，大众文艺出版社，2009 年出版。

7.《兰斋小语》，刘建中著，陕西人民教育出版社，1997 年出版。

8.《突破与超越：对中国文学发展的定点思考》，刘建中著，甘肃文化出版社，2011 年出版。

9.《家教歌诀》，刘建中、侯元斌、马平著，陕西人民教育出版社，1998 年出版。

10.《中国文化发展之思——兼谈岭南文化建设的若干问题》，刘建中著，国家行政出版社，2016 年出版。

11.《莞香文化导论》，刘建中著，现代出版社，2017 年出版。

12.《东莞改革开放辞典》，中共东莞市委党校编著，广东人民出版社，2009 年出版。

13.《东莞文化建设研究》，刘建中主编，广东人民出版社，2009 年出版。

图书馆阅读不可取代

访 谈 者：乔真，东莞图书馆采编部馆员

被访谈者：杨李娜，60后

访谈时间：2015年10月下旬

乔真（以下简称"乔"）：杨博士，您好！在您成长的地方，小时候那里没有公共图书馆，在最初阅读习惯养成的过程中有哪些书起到启蒙作用？父母每月用多少钱来支持您的读书爱好？家中的书不能够满足您的阅读需求时，您寻求什么途径来满足自己的阅读需求？

杨李娜（以下简称"杨"）：我们当时生活的新疆生产建设兵团很艰苦，学校没有图书馆，学习的内容主要就是课本。但是我对读书非常感兴趣，常常渴望读更多的书。最初阅读时有几个好朋友给我的帮助很大。一位是我家隔壁邻居阿梅，他们家的书很多，她爸爸是医院院长，妈妈是学校的老师，有几年还是我的语文老师。我定时在她爸爸和妈妈不在家的时候，到她家里看书，我们两个就是这样成为好朋友的。她家有很多文学类的书、杂志、画报。还有一位是王莉同学，他们家订阅的杂志有《人民文学》《大众电影》，每次他们家杂志到了之后，她先看，看完后给我讲哪些内容好看，然后我到她家去看或者借回来在我家里看。还有倪清家的书很多，她爸爸就是一位爱读书的人，经常给我们讲故事，我们也看完书后进行交流。还有一位孙霞，他们家订的杂志是《连环画报》和《富春江画报》。每次我都会到她家去看。童年的时光就是在各种书中度过了，真的很快乐。我当时家里的负担还是蛮重的，有哥哥、妹妹，还有父亲的两个兄弟，一大家子人，每月爸爸还是会到新华书店，给我买本书看看。那时的书很便宜，几毛钱一本，一两元钱可以买几本书。爸爸给我买的书中科普的较多。我记得那时经常去新华书店，看那位卖书的漂亮阿姨在忙碌，看到有新书，会很动心，会让阿姨拿给我看看。有些书就是那样在书店翻阅的。我记得小时候书店离我家很近，经常放学经过书店就进去看看，有些特别想看的书就会让爸爸给我买。小学和初中很多书就是到同学家看的，或者从同学那里借回来阅读。从小的阅读给我打开了一个世

界，一个丰富的世界，一个奇妙的世界，很多知识都是在看各种书和杂志中获得的。

乔： 2014 年复旦大学的阅读达人一年读了四百多本书。我看您在微信中发布的图书信息也非常多，您现在一年大概读多少本书？精读的书主要是一些什么书？泛读的书又有哪些？您选择阅读图书的标准是什么？

杨： 每年看的书很多，我最近几年的图书购买量很大。我的家里到处放的是书。专门有个书房，放的都是我的书，现在也快放满了，我又把儿子的卧室收拾了下，也放了一部分我的书。书太多了，今年暑假回家乡，还与王新德说好要捐赠一部分书给家乡的学校或者纪念馆，等我整理后就寄给他们。我一年大概读多少书，没有具体统计过。几乎每天都会分配时间来阅读。我给硕士研究生开设了两门课程，一门是教育研究方法论，一门是教育评价与考试研究，因此，我精读的书主要是有关社会科学研究方法、教育类的专业学术著作、教育评价和教育考试类的理论书及一些哲学、小说等。我的阅读很杂，一段时间对某个方面的问题感兴趣就会花时间买书或者借书阅读。我最喜欢的小说是侦探小说，我是阿加莎·克里斯蒂迷，她的小说我几乎都买了，还买了有关研究阿加莎的书。还有最近喜欢的是日本的东野圭吾，他的推理小说我最爱。其他的小说，还有毛姆的，福克纳的，海明威的，马尔克斯的，等等，我也很喜欢看。苏联的小说也很喜欢。我经常去学校的图书馆借书，有些书通过阅读，感觉很好，就会购买。选择阅读图书的标准，首先是经典著作、能够让人感觉美的书和文献，我都会反复看，也会分享在我的微信朋友圈及 QQ 空间里，推荐给更多的学生和爱读书的人看。其次，选择一些比较好的出版社的书购买和阅读。比如商务印书馆、"三联"、教育科学出版社、人民教育出版社、上海文艺出版社、人民文学出版社、译林出版社、广西师范大学出版社、中国人民大学出版社、重庆大学出版社，等等。我经常关注一些专家的微博、博客、微信，了解他们看了哪些书，哪些书他们看了认为比较好。我会根据我的需要进行阅读。我经常会光顾亚马逊购书网站，已经成为他们的资深客户。阅读的书多了之后，慢慢，"眼睛"就很刁钻了，只有好书才能入我的眼。

乔： 您觉得除了爱的教育之外，美学教育在中国的中小学教育阶段重要吗？为什么？这方面有没有相关的图书可以推荐？

杨：我认为爱的教育、美学教育在中小学教育阶段是很重要的。但是，我们的学校可能把它抽象化、程式化了。中小学生应该在他们的日常生活和学习活动中，发现美的事物，观察到美，激发自身对自然、社会、人类、自己、家人等的爱的向往。我们在日常教育中对这些内容关注得并不多，学生在校就是学习、做作业，回家还是做作业。当然，一些有条件的家庭，会送孩子上各种兴趣班、特长班，等等。我对美学教育没有研究过，推荐家长和老师看一些艺术类的图书，艺术哲学、西方艺术史、名画全彩版《圣经》故事、李泽厚的《美的历程》、宗白华的《美学散步》，等等，根据兴趣关注一些艺术家和画家的作品，从中感受美。

乔：您是教育学博士，在您看来，对于一个孩子的教育最重要的是什么？考上名牌大学是不是教育成功的唯一标志？有关家庭教育方面，您能够推荐一些书分享给读者朋友吗？

杨：孩子的教育应该遵从自然原则，以孩子的健康快乐成长为目的。养成良好的习惯，懂得礼貌礼仪，尊重自己和他人，对任何事情不抱怨，事情没有做好多从自己的方面找原因。家庭的和谐气氛是滋养孩子成长的源泉，孩子能不能考上名牌大学是他自己学习成果的展现，这个不是每个家长期望或设想就能实现的。考上名牌大学固然好，考不上名牌大学，也不是教育不成功的标志。现在中国上大学已经不是什么难事，难在考上好大学、名牌大学，孩子尽自己的能力发挥，考上任何类型的大学都是很好的。家长不应强求孩子力所不能及的事情，明明不能考上名牌大学，还奢望孩子一定要上名牌，这是不切合实际的，也会把孩子往不适合他发展的道路上逼。家长应充分认识到自己孩子的能力和水平，只要发挥自己的能力，尽力做好他能做到的事情就可以了。关于家庭教育的书有很多，我看过的有刘良华的《新父母学校》，张文质的《保卫童年》《父母改变，孩子改变》，尹建莉的《好妈妈胜过好老师》，等等，这方面的书籍太多了，看过几本就可以了解家庭教育中要注意哪些方面，重要的是做好当父母的准备和角色转换，父母永远是孩子的镜子，父母改变，孩子才能改变。更何况每个家庭都是不一样的，每一个家庭的教育都是不能复制的。

乔：您现在还有利用图书馆阅读的需求吗？您理想中的图书馆是什么样的？

杨：是的，我仍有这个需求的。我经常去学校的图书馆借书，因为有些书只有在图书馆里有。在图书馆的书库里找书、看书是一种享受，忘记一切的精神享受。各种书籍摆放在那里，可以一本一本地拿起来阅读。类似的书籍放在一起，都可以翻开阅读，比较各种书内容的优劣。图书馆阅读应是人类必不可少的形式，不会因为现在是互联网＋时代，电子书大行其道，图书馆的阅读就会消失。这是不会的，更多的阅读和研究，还是要靠在图书馆的阅读进行。在图书馆阅读给人的感觉与一般的阅读有很大的不同。我理想中的图书馆要很大，很宽敞，很开阔，很安静，设备一流，随时随地能够阅读到需要的和最新的书籍。图书馆一定要安静，有很多的桌子和椅子，很多人在那里阅读。阅读是人越多越会互相影响的一件事情。

阅读书目

1.《人民文学》，中国作家协会主办，1949 年 10 月创刊。

2.《大众电影》，中国电影家协会主办，1950 年 6 月创刊。

3.《连环画报》，人民美术出版社主办，1951 年创刊。

4.《富春江画报》，富春江画报编辑部主办，前身《工农兵画报》，1967 年创刊，1981 年 1 月《工农兵画报》改名为《富春江画报》，1988 年停刊。

5.《美的历程》，李泽厚著，生活·读书·新知三联书店，2009 年出版。

6.《美学散步》，宗白华著，上海人民出版社，1981 年出版。

7.《新父母学校——刘良华家庭教育讲演录》，刘良华著，北京师范大学出版社，2009 年出版。

8.《保卫童年——基于生命化教育的人文对话》，张文质、林少敏著，福建教育出版社，2004 年出版。

9.《父母改变，孩子改变——张文质家庭教育讲演录》，张文质著，北京师范大学出版社，2009 年出版。

10.《好妈妈胜过好老师：一个教育专家 16 年的孩子手记》，尹建莉著，作家出版社，2014 年出版。

2016，读一百本书！

访 谈 者：乔真，东莞图书馆采编部馆员

被访谈者：苏芮，90 后

访谈时间：2016 年 6 月中旬

乔真（以下简称"乔"）：你好，小苏！在读书会中感觉你是一个喜欢读书的人。我以前在医院看见医生总是很忙，有些医生稍有闲暇，就会利用片刻时间读专业书，他们几乎没有时间读非专业的"无用"之书，我发现你是专业书也读，非专业的文学书也不放弃，你如何分配读专业书与非专业书的时间？你从读书这件事上获益多吗？

苏芮（以下简称"苏"）：我不是医生，在医院做后勤管理工作，没有医生那么忙碌。我的专业书籍是医院管理、信息化建设、医学与法律、医学伦理等方面的，我优先看专业书籍。非专业书籍的阅读时间是午餐后、晚餐后、排队时、节假日。书籍是最好的老师，阅读是获取知识最快的方式。看小说之于我就像是一般女生看韩剧，也是一种消遣。

乔：你常到图书馆看书吗？你一年有多少次到图书馆？你的家人和朋友也喜欢利用图书馆吗？通常情况下，除了专业书以外，你一年要读多少本书？哪方面的书籍是你的最爱？有什么好书可以分享给大家？

苏：单位原来在莞城的时候，我每周都去莞城图书馆。现在单位搬迁到东城，每个月去一次市图书馆。家人最爱看书的是外公，外公也热爱收藏书籍，买书居多。去年春节，我教会了外公使用 Kindle，他现在看电子书。去年，我一共看了八十本，今年的目标是一百本，1~5 月仅仅读了三十八本书，下半年需要加油啊！我喜欢的作家有刘瑜、傅真、严歌苓、蒋勋，喜欢的出版社有广西师范大学出版社、上海译文出版社。我习惯跟着作家和出版社选书阅读。今年看的书有限，推荐迟子建的《群山之巅》、日本作家村上龙的《无限近似于透明的蓝》、蒋勋的《孤独六讲》和去年阅读的美籍华裔作家伍绮诗的《无声告白》。

乔：你在 S. A. 阿列克谢耶维奇的《二手时间》作品分享会上结合中国现实

社会提到国家的管理应该施行法治，然而现实社会中却常常看到有法不依的现象，作为 90 后，你希望的法治社会是怎样的？

苏： 法律落地，有规范法律的教育，不是违法了法律法规才知道，而是一开始就应该有人告诉我们怎么做才是合法的。就像在香港搭乘手扶电梯的时候，会有工作人员提示：靠右、站稳、紧握扶手。

乔： 也就是普法教育要先行。除了读书之外，你还喜欢跑步，尼克拉斯·罗曼诺夫的《跑步，该怎么跑？》、村上春树的《当我谈跑步时我谈什么》、乔治·希恩的《跑步圣经：我跑故我在》、杰克·丹尼尔斯的《丹尼尔斯经典跑步训练法：世界最佳跑步教练的跑步公式》、丹尼·雷德尔的《太极跑：不费力、无伤害的革命性跑步法》等图书及《三联生活周刊》一期跑步专题（2007 年第 10 期，总第 424 期）这些有关跑步类的专题书刊，您是否略读一二？

苏： 我喜欢跑步，跑过两次半程马拉松，成绩差强人意。身体素质差，不会跑步的跑者，推荐中国台湾欧阳靖的《嗨，一起跑步吧！》。作者是一个模特，受到潮流品牌青睐的模特，出书和参加比赛都受到了耐克的赞助。作者也是一个高中没有毕业就辍学步入社会，六年重度抑郁的患者，身体素质极差，暴肥暴瘦，一天一包烟，从一开始一公里都跑不完到最后参加全马比赛。奇迹不在于跑完全程，而在于起跑。她自嘲是最不会跑步的跑步作者，实际是激励更多没有勇气的人跑步。

火力全开的跑者推荐村上春树的《当我谈跑步时我谈些什么》，作者每月跑步量在三百公里以上，甚至日常的训练量就是一个全马比赛长度。寒冷的季节跑步，夏季参加铁人三项赛，季节周而复始，岁月流逝，跑步和写作一样都融入了作者的生活。他打算在墓志铭上写上"他至少是跑到了最后"。作者参加马拉松比赛的时间都超过十年，跑步影响和改变了生活方式、人生状态。将意识集中于迈出去的每一步，同时，还要以尽可能长远的眼光去看待问题，尽可能远地去眺望风景。

乔： 业余时间逛书店也是你的爱好之一，你对当今东莞的图书市场满意吗？为什么？东莞曾经是国内进出口贸易总额名列第四的城市，后来这个位置被苏州市超越了，如今的东莞拥有五十多层的台商大厦，却没有著名的诚品书店分店，国内第一家诚品书店分店也落在了苏州，你怎么看这个问题？

苏：我对东莞图书市场不太满意，但图书市场近几年有很好的发展。不满意在于快餐式的消遣书籍太多，吸引了大量的眼球，没有图书选择和阅读指引。东莞从制造业城市转型为智慧型创新城市，相信类似诚品的书店也很快会落户东莞。位于东莞南城区的万科769文化创意园和位于东城区的33小镇，为未来书店提供了良好的环境。

乔：在你服务的医院，病人治疗或住院期间，他们读书吗？你们医院有图书室吗？医院的图书室是不是不对病人开放？你觉得图书馆是否应该服务住院的病人？

苏：我们医院的病人以儿童为主。很遗憾，很少家长会带书给宝宝，他们一般带平板电脑来医院看卡通片、玩游戏。我们医院是教学医院，有可观的藏书，涵盖医学和其他多专业。图书馆只对员工、实习生、进修生开放，未对患者开放。我个人认为，图书馆应该服务于病人，特别是住院时间较长的病人。

乔：你对图书馆有着怎样的期待？你觉得，好的图书馆应该是怎样的？

苏：两种期待。一种是便利型的图书馆，24小时自动借书机能走进社区。另外一种是图书生活馆，有书有沙发，有画有花，有咖啡有简餐，有阅读有约会。

阅读书目

1.《群山之巅》，迟子建著，人民文学出版社，2015年出版。

2.《无限近似于透明的蓝》，〔日〕村上龙著，张唯诚译，上海译文出版社，2015年出版。

3.《孤独六讲》，蒋勋著，广西师范大学出版社，2009年10月出版。

4.《无声告白》，〔美〕伍绮诗著，孙璐译，江苏凤凰文艺出版社，2015年出版。

5.《二手时间》，〔白俄〕S. A.阿列克谢耶维奇著，吕宁思译，中信出版集团，2016年出版。

6.《跑步，该怎么跑？》，〔美〕尼克拉斯·罗曼诺夫著，徐国锋译，新星出版社，2014年出版。

7.《当我谈跑步时我谈些什么》,〔日〕村上春树著,施小炜译,南海出版公司,2009 年出版。

8.《跑步圣经:我跑故我在》,〔美〕乔治·希恩著,于嘉译,浙江人民出版社,2014 年出版。

9.《丹尼尔斯经典跑步训练法:世界最佳跑步教练的跑步公式》,〔美〕杰克·丹尼尔斯著,沈慧译,浙江人民出版社,2014 年出版。

10.《太极跑:不费力、无伤害的革命性跑步法》,〔美〕丹尼·雷德尔、凯瑟琳·德雷尔著,吴洪涛译,浙江人民出版社,2014 年出版。

11.《三联生活周刊》,前身为邹韬奋先生在 1925 年 10 月创办的《生活周刊》,1995 年由三联书店在继承传统的基础上于北京复刊。

12.《嗨,一起跑步吧!》,欧阳靖著,现代出版社,2014 年出版。

读书丰富了我的人生

访 谈 者：乔真，东莞图书馆采编部馆员

被访谈者：杨家顺，50 后

访谈时间：2016 年 8 月中旬

乔真（以下简称"乔"）：杨老师，读书为您的生活带来了什么？在您的家庭中有共同读书的习惯吗？您是怎么传承读书这个好习惯给子孙的？

杨家顺（以下简称"杨"）：我现已年过花甲，回顾我读书的经历，它给我带来的是：增添了生活的乐趣、使我明白了更多的道理、增长了许多的知识、拓展了思考的方法、认识了书中的人物、学到了别人的智慧、领略了变化的世界。

我的外孙女现在才两岁，但我常带她到东莞图书馆去，一楼的漫画图书馆和儿童天地是她喜欢的地方，只要有时间我就带她去。在漫画图书馆看绘本她聚精会神；在儿童天地看儿童书，她像模像样。主要是让她感受这种氛围，培养她的阅读习惯，在她那幼小的心灵里播撒爱阅读的种子。

东莞有这么好的图书馆，是读书人的一大幸事，也是小朋友们的一份福气。在家里，我也要求女儿与她一起看书，同她讲书中的故事，启迪她幼小的心灵。

乔：在您童年的时候图书馆在中国还不普及，您第一次利用图书馆是在什么时候？后来一直有利用图书馆阅读的习惯吗？

杨：是的，那个时候，我所在的城市只有一个很小的图书馆，两层楼，每层楼大概也只有几十平方米，一个阅览室也只有我们现在住房的客厅那么大，一张长方桌，几条长板凳。我记得第一次利用图书馆是我初中快毕业时，那时到图书馆也只是看看报纸、杂志之类，图书馆里的书籍很少。真正与图书馆接触是我1972 年到省会合肥念书时，学校离安徽省图书馆不远，出校门步行只有几分钟的路程，一到周末我就常去那里，那时省图给我的感觉是好大呀，好气派，大门还是古色古香的，里面很安静，我就常去那里看看书，偶尔也借几本书回来，但都是与专业有关的书。参加工作后，由于工作繁忙，再加上家乡的图书馆藏书确实不多，我就很少去了。

乔：今年5月"易读"书友会杨绛先生作品分享会上，您对杨先生《我们仨》的分析非常全面，我误以为您是大学中文系的教授，看来您读书非常专注，您读过哪些好书？

杨：杨绛先生是我敬重和热爱的作家之一，她的作品大都语言简洁，韵致淡雅，文字本色朴素，干净明晰，即使是在描写主人翁不堪回首的往事和人生命运的挫折时，也是出奇的冷静，但在冷静的背后我们能看出她坚强的性格和其蕴含的中庸之美。之所以选择《我们仨》来和大家分享，我感觉一是其书名好，现在我们大部分都是三人家庭，但作家，尤其是名作家的三人家庭是怎样的呢，想深入了解一下；二是我在网上书店看了有大字本的版本，很喜欢。阅读该书，就被书中三个人的人生命运所吸引，被杨绛先生一家三人之间深深的爱所感动，作者的人生观和价值观深深地教育着我，杨绛先生对家庭及家庭成员的深厚感情和依依不舍的爱恋也感染着我。我想对于现在的三人家庭或四人家庭来说，如何经营好维护好，也有着更深的现实意义。

我年轻时没有现在这样好的读书条件，也没有什么书让我们读。我记得那时我读过的给我留下较深刻印象的书籍有《艳阳天》《金光大道》《红岩》《苦菜花》《野火春风斗古城》《欧阳海之歌》《雷锋的故事》《钢铁是怎样炼成的》，等等，我们这一代人就是读着这些红色书籍长大的。

乔：您平常选书会参考新闻媒体发布的各类图书排行榜吗？图书馆的图书推介对您的阅读有影响吗？

杨：图书排行榜我看，甚至有时我还把排行靠前的书的主要内容介绍浏览一遍，觉得有合适的或者我觉得不错的，就在网上购买。图书馆的图书推介也看啊，它对我选书、购书、读书有一定影响，同样，感觉有好的也会选择购买回来阅读。

乔：您觉得，什么样的图书馆是好的图书馆？

杨：我觉得一个好的图书馆最起码要有三个条件：一是环境，要给人一种能坐下来读书的氛围；二是服务，要方便读者的借书、读书和阅览；三是藏书，藏书要多，种类要丰富，要给读者一个选择的余地，满足读者的各种品位和爱好的需求。

阅读书目

1.《我们仨》，杨绛著，生活·读书·新知三联书店，2012 年出版。

2.《艳阳天》，浩然著，人民文学出版社，1975 年出版。

3.《金光大道》，浩然著，人民文学出版社，1972 年出版。

4.《红岩》，罗广斌、杨益言著，中国青年出版社，1963 年出版。

5.《苦菜花》，冯德英著，解放军文艺社，1978 年出版。

6.《野火春风斗古城》，李英儒著，人民文学出版社，1962 年出版。

7.《欧阳海之歌》，金敬迈著，解放军文艺社，1966 年出版。

8.《雷锋的故事》，陈广生、崔家骏著，解放军文艺社，1973 年出版。

9.《钢铁是怎样炼成的》，〔苏联〕尼·奥斯特洛夫斯基著，人民文学出版社，1952 年出版。

人生是一本书

访 谈 者： 乔真，东莞图书馆采编部馆员

被访谈者： 美福，60 后

访谈时间： 2016 年 12 月初

乔真（以下简称"乔"）： 你还记得小时候读的第一本书吗？

美福（以下简称"美"）： 最早看的书有两本都是没有封面的，在那个时期属于禁书，一本是兰姆兄妹编的《莎士比亚故事集》，一本是阿拉伯民间故事《一千零一夜》，大约是在小学二三年级时看了第一本有厚度的书《欧阳海之歌》。

乔： 这些书你是通过什么途径获取的？

美： 都是姐姐的同学、朋友之间互传得到的。

乔： 现在回眸过往，从文学的角度来看，《莎士比亚戏剧故事集》和阿拉伯民间故事《一千零一夜》这些流传很久经得起岁月和异地文化传播考验的作品更有价值。你有没有觉得在那么早就看到了这些经典作品是一件很幸运的事。

美： 那是，全是故事，好看。《欧阳海之歌》这种政治宣传的东西，要说写得很好，也未必，但是记得躺在山坡上看这本书的场景。唯一记得的内容就是欧阳海舍身推战马救列车的英雄行为，后来坐火车经过湖南衡阳市衡东县他的雕像时，也会想起，我还瞄了一眼。我觉得人和书是有缘的，小时候看过的书，对以后的经历有影响。

乔： 你父亲喜欢读书，你的阅读受他老人家影响大吗？

美： 那倒没有，我觉得我父亲他是个很有好奇心的人，喜欢看天文书，玩魔方玩具，社会上流行玩魔方的时候，他会去找一些破解魔方的书，然后他还会去找一些实用的，如一些机械方面的书，他安装一个东西，会去找一些有用的书，他年纪大以后喜欢看《马克思家书集》，马克思写给燕妮，写给女儿的书信，他们那一代人信仰马列主义，对伟人有一种敬仰心理。

乔： 1957年广东省湛江市就有了图书馆，1984年湛江市少年儿童图书馆成立，你在那里成长，有没有利用过图书馆？

美：没有，我在上大学之前从来没有利用过图书馆。上中学时，学校也有图书馆，我也有借书证，但是印象中好像从来没有去过。也不知道为啥，我看的那些书，从哪里来的，我也不记得了。反正就是没有通过图书馆这个渠道。

乔：我看了你最近几篇以美福之音为名撰写的微文，你患有躁郁症，也接受了治疗，除了吃药以外，你是否有意识地到图书馆或书店查找一些心理学方面的书来开解自己，做辅助治疗？

美：这倒是有，我在图书馆借过美国女作家凯·雷德菲尔德·杰米森的《躁郁之心：我与躁郁症共处的30年》（上下），还有她的另一部作品《天才向左，疯子向右》，这本书图书馆找不着，我自己买了。

乔：你在大学时读了法国资产阶级思想启蒙家卢梭的《忏悔录》，从中你汲取了哪些精神养分？

美：大学期间对我影响比较大的有三本书：卢梭的《忏悔录》、罗曼·罗兰的《约翰·克里斯朵夫》和《傅雷家书》。《忏悔录》我是在学校图书馆看了以后，想拥有一套，当时书店买不着，我在《中国青年报》上一个读书的栏目看到这本书的信息，他们有一个面向全国青年服务的信箱，通过这个信箱找到了一个编辑，买了这套书。卢梭的《忏悔录》中有关自由和他本身追求自由、自由精神、人与人之间平等的向往并争取权益的思想影响着我。另一方面来看，个人为自己立传，也存在一定的曲解。

《约翰·克里斯朵夫》里是一种对生活的激情、热爱，奋斗的激情，对世界对生活的爱，他与他人之间的友情、爱情，我学到了很多，你让我讲具体的一些细节，我不一定记得很清楚，但是读了这本书以后心灵受到很大震撼。

《傅雷家书》里这种父亲对儿子的严格家教与亲情的情感很矛盾。傅雷本人最后的命运也是，他如果不是崩溃、绝望了，他不会放弃自己最宝贵的生命，选择自杀这条路。

乔：你对中国文化"行万里路，读万卷书"是怎么理解的？又是怎样践行的？

美：还是要书读得多，路走得少。包括生活中的挫折、人生中的经历。路走得少，有时候也是一种幸运，你少走路，碰到的就少，跌倒的机会就少。我这样理解，人生本来就是一本大书，你在读书的过程中，也是在写自己人生这本书。

乔：在你读书的历程中，你去过几座图书馆？

美：我去的图书馆倒是不多，利用的都是身边的图书馆，上大学时就在复旦校内的图书馆，工作以后一直都是东莞图书馆总分馆的读者。

乔：你现在读书一般是根据自己的爱好，还是心理或者是生活上遇到问题就找书看？

美：现在也不会去买书了，一般走到哪儿，到下面镇区时，有图书馆，就会走进去看看。读书已经成为生活的组成部分了。

乔：你有没有大致算一下，每年大概读多少书？

美：没有算得这么细，一年大概六七十本至一百本书的样子。

乔：这些书有没有精读的？还是都是泛读？

美：都是随手翻一下的泛读，很少精读。我觉得有太多想要去了解的东西了，受好奇心驱使。

乔：你心中有没有一座图书馆是你愿意走进去并愿意长期待在里面的？

美：我看见国外的图书馆都很向往。

乔：你对图书馆利用方面有什么建议吗？

美：数字图书的信息获取越来越便利，但是有了图书的基本信息未必能够在图书馆中找到相对应的书，比如：辅助书库的书、分馆的书都借不到；总分馆借书手续太麻烦。我真正想看的书，在图书馆找不到，分馆借不来，我就会自己到网上去买。我也会去网上买一些二手书，一些老书，图书馆没有，都是自己买。

阅读书目

1.《莎士比亚戏剧故事集》，〔英〕查尔斯·兰姆、玛丽·兰姆改写，萧乾译，中国青年出版社，1978年出版。

2.《一千零一夜》，纳训译，人民文学出版社，1957年出版。

3.《欧阳海之歌》，金敬迈著，人民文学出版社，1966年出版。

4.《马克思家书集》，人民出版社马列著作编辑室编，人民出版社，1985年出版。

5.《西游记》，（明）吴承恩著，人民文学出版社，1984年出版。

6.《躁郁之心：我与躁郁症共处的 30 年》（上下），〔美〕凯·雷德菲尔德·杰米森著，聂晶译，浙江人民出版社，2013 年出版。

7.《天才向左，疯子向右》，〔美〕凯·雷德菲尔德·杰米森著，刘莉华译，中国人民大学出版社，2008 年出版。

8.《忏悔录》，〔法〕卢梭著，黎星、范希衡译，人民文学出版社，1982 年出版。

9.《约翰·克里斯朵夫》，〔法〕罗曼·罗兰著，傅雷译，人民文学出版社，1980 年出版。

10.《傅雷家书》，傅敏编，生活·读书·新知三联书店，1984 年出版。

阅读使我成长

访 谈 者：乔真，东莞图书馆采编部馆员

被访谈者：刘玉洁，90后

访谈时间：2017年3月下旬

乔真（以下简称"乔"）：玉洁，你好！你对读书这件事怎么看？你多大时第一次利用图书馆？现在还常常利用图书馆吗？

刘玉洁（以下简称"刘"）：您好！在我看来，读书的意义是非同寻常的。首先，我们通过读书可以增长才识，丰富阅历，每本书都像是一级阶梯，等着我们拾级而上。其次，读书看似是件普普通通的小事，实际上却是件很神奇的事。读书愈多，我们对精神世界的感知就愈直观，愈善于解决内心的疑惑与矛盾，可以说读书是一种自我排遣与自我疗愈的方式。再次，读书可以将无知、粗鄙和激进的思想及观念从我们的头脑中驱逐出去，从而提升修养，砥砺人格。因此，不论处于手抄时代、印刷时代，抑或者是数字时代，文本所依附的介质虽在变，我们都应该坚持不懈地读书。

说起来有些遗憾，在进入大学之前，我所能获得的，无论是图书资源，或是图书馆资源都是极其匮乏的，这使我直到大学才第一次真正接触并利用图书馆。当我发现图书馆的确是一方宝藏之地时，我意识到至少失去了十几年有书海陪伴的欢愉时光，我感到怅然若失。从图书借阅到数据库的检索与利用，再到各类主题资源的利用，我对图书馆的利用从大学开始愈加深入了。本硕阶段我学习的专业都是图书馆学，当我踏进图书馆，我感到一种由衷的归属感，尤其是踏进院系图书馆，这里可以说是图书馆学科知识及学科研究成果的集合地，使我对这一学科的认识焕然一新。

工作之后我依然经常利用图书馆。一则源于工作需求。二则源于图书馆是本学科研究的重要途径和主要阵地。三则源于对阅读的喜爱。当然，我十分坚决地主张我们利用图书馆是为了享受阅读。

乔：在北大读书期间，你是不是比其他任何时候读了更多的书？北大对你的

影响有多大？

刘：在北大读书的两年间，的确比其他时候读了更多的书，但究竟有多少本倒也记不得了。曾在北大图书馆借阅过八十多本书，这些书主要集中在哲学、历史、语言学、图书馆学及文学方面，与北大图书馆的馆藏数量相比，实在是九牛一毛。我用有限的时间在图书馆内阅览了大量珍贵的民国旧书刊与旧报纸，这使我对民国史与民国图书馆学史产生了浓厚的兴趣，为我之后的论文研究方向奠定了基础。

北大对我的影响有多大？可能我自己也不完全知道。在我看来，与其说北大是高等学府的代表，不如说它是一种求知精神与学术精神的象征，它激发了我无限的求知欲望，让我领悟到什么是自由严谨的学术氛围，让我时刻谨记保持一颗真实、谦逊且勇敢的心。

乔：现在读纸本书的时间和电子书的时间，哪个更多？

刘：目前我阅读纸本书较多。纸本书发展数千年，无论其书籍形式及文本复制技术如何革新，它带给我们的阅读习惯与阅读文化都是不易被替代的。更有人认为，书籍会释放出一种特殊的气味，这种气味使他们排斥订购嗅之无味的电子书刊。一家法国的网络出版商为了迎合读者这一需求，就曾发明过一种能散发书籍气味的贴纸来吸引读者订阅电子书刊。读者只需将贴纸贴在电脑上，就可以散发出图书特有的味道。想来也是有趣，未来的图书出版商会不会在纸本书的味道上大做文章呢？

除了纸本书，我也会阅读电子书，或用 Kindle，或用手机，毕竟电子书可以随时随地阅读，不拘泥于时间与地点，但由于阅读时总想在纸上勾勾画画，在这点上电子书还是不如纸本书来得直接、方便。

乔：工作之余，你的个人阅读范围广吗？一般通过哪些途径来完成？

刘：我的阅读范围主要集中在文学、艺术、哲学、语言、心理及历史方面。工作之后，阅读的主题和目的都稍微产生了些变化，文学类作品似乎读得更多了，这大概是由于文学类作品更贴近和适应自己的现实生活以及心理变化。偶然中，我发现少儿读物，尤其是儿童绘本，也是极富有乐趣的，绘本中描绘了许多对我们来说习以为常的想法和行为，但却以一种意想不到的温情的方式，勾起我幼时有趣的回忆，重筑一个简单理想的世界。

通常我会根据各个图书馆的新书推荐与专题推荐，还有名人推荐书单以及各类获奖书单，再结合自己的兴趣特点，选择自己想要购买或者借阅的书。

乔： 你有自己的阅读计划吗？最近读了哪些好书？

刘： 几乎没有阅读计划，只会在数量上稍做要求，比如，一年内我要求自己阅读八十本书，而在这些书中，有的只是阅读其中一部分或某一章节，有的只是粗知其梗概，只有少部分书才会去精读，反复地读。

最近读了台湾联经出版社出版的《书籍的秩序》一书,这本书的作者侯瑞·夏提叶（也被翻译为罗杰·夏蒂埃），他为我们理解书籍史和阅读史提供了别具一格的视角，也引发我们对当今因书籍形式变革所引发辩题的重新思考。偶然了解到与《书籍的秩序》同名的另一译本补充了作者新的作品，且被收录进《书史译丛》中，由商务印书馆出版。目前《书史译丛》已出五册，这五本书分别从各自的维度去探寻书籍发展及变革的历史脉络，期待阅读之后能有别样的收获。

乔： 你有每天阅读的习惯吗？一般每周利用多少时间阅读？

刘： 几乎每天都会看书，在工作日的碎片时间里，大多会阅读一些短文杂谈，时间大概为一个小时。文学是我最喜欢的书籍类型，阅读这些文字似乎有一种能让人安静下来的魔力，因此有时我会盯着书本反复琢磨一句话、一段话，遇到精妙绝伦或是直击人心的语句会写入读书笔记里。周末的大块时间里我会看一些教育类、文化史类以及心理类书籍，时间大概在一个小时左右。

乔： 你想象中的图书馆是什么样的？

刘： 既然是想象中的图书馆，那我就大胆地想象一番。2016 年被人们称为"VR（虚拟现实）元年"，VR 技术是利用电脑模拟产生一个三维空间的虚拟世界，提供使用者关于视觉、听觉、触觉等感官的模拟，让使用者如同身临其境一般，可以及时、没有限制地观察三维空间内的事物。初次接触到 VR 技术时我就在想，如果 VR 技术应用到图书与图书馆中，该是一幅什么样的景象呢？事实证明，VR 技术已经开始开拓其在这一领域的可能性，上海交通大学出版社的实体书店"阅读隧道"于 2016 年底揭牌开张，该书店二楼的"VR 图书展示厅"就是 VR 技术应用的雏形，在这个图书展示厅中，读者可以通过 VR 设备进入一个虚拟的书店，并在其中实现选书、看书甚至买书的操作。撇开现实因素不谈，在未来我期待 VR 技术或是更先进的技术能够应用到图书馆，让读者真正"走入"书中情境，与书中的人、物进行交流与互动，真正实现"读万卷书"与"行万里路"的结合。

阅读书目

1.《书籍的秩序》，〔法〕侯瑞·夏提叶著，谢柏辉译，联经出版事业股份有限公司，2012 年出版。

2.《工具书的诞生：近代以前的学术信息管理》，〔美〕安·布莱尔著，徐波译，商务印书馆，2014 年出版。

3.《书籍的秩序》，〔法〕罗杰·夏蒂埃著，吴泓缈、张璐译，商务印书馆，2013 年出版。

4.《图书馆的故事》，〔美〕马修·巴特尔斯著，赵雪倩译，商务印书馆，2013 年 6 月出版。

5.《书史导论》，〔英〕戴维·芬克尔斯坦、阿利斯泰尔·麦克利里著，何朝晖译，商务印书馆，2012 年出版。

6.《莎士比亚与书》，〔美〕戴维·斯科特·卡斯顿著，郝田虎、冯伟译，商务印书馆，2012 年出版。

阅读，是一种生命能量的输入！

访 谈 者：乔真，东莞图书馆采编部馆员

被访谈者：殷剑冰，85 后

访谈时间：2017 年 3 月下旬

乔真（以下简称"乔"）：剑冰，你好！为什么在众多的专业中，你的研究生专业选择了图书馆学信息管理专业？你对图书馆有什么特殊的情结吗？

殷剑冰（以下简称"殷"）：研究生阶段选择念图书馆学，其实是一个"出乎意料"的结果——我本科学英语专业，受家庭原因的影响，考研选择了华中科技大学医学情报学专业。最后是机缘巧合调剂进入了华南师范大学图书馆学专业。当时想想能有书读，已然是幸福的了，并未考虑太多未来的选择。毕竟身边很多同学毕业后，都没有从事与专业相关的工作。对于图书馆倒没有特殊的情结，而是对书本有些爱好。喜欢阳光的午后，清茶与书页的陪伴，或者冷雨的夜里，暖灯和诗歌的搭配。而图书馆里正好有我喜欢的书，于是来这里工作，也是一个非常不错的选择。

乔：你有两个专业的知识背景，还喜欢诗歌，现在每周利用多少业余时间读自己喜欢的书？

殷：现在业余时间比较少，诗歌会每天中午休息之前读几篇，有好的诗句和灵感，我会记录下来，我喜欢诗歌带给我对世界换一种角度去解读的奇妙。现在白天忙于工作，晚上忙于业余事务，能静静看书，已然是比较奢侈的享受。

乔：图书馆阅读在你的成长历程中重要吗？

殷：阅读一本书，相当于和作者对话。读书的过程中，也会思考自己的过去和未来。所以，阅读在我的成长历程里扮演了一个非常重要的角色。印象深刻的是张德芬的《遇见未知的自己》这本书，在我考研等待分数的那段日子里很好地疏导和启发了我，让我从阴郁的心情里逐渐解脱，在研究生毕业论文的选题方面，我毫不犹豫地选择了王波老师的"阅读疗法"。阅读这个行为，伴随着我一直走到今天，它是一个可以让我不断保持输入和输出的方式，保持我体内流淌着鲜活

的、热腾的血液，让我在迷惘中总能找到前进的灯塔。

乔：阅读对人的影响大吗？你在阅读方面得到了哪些启示？

殷：近来看了开心麻花的《驴得水》，五味杂陈。里头的铜匠正是因为看了校长送给他的书，从一个愚昧的铜匠变身为一个了解世事的人，但并未摆脱愚昧的烙印，在他面对自己的老婆和张一曼的矛盾时，处理得非常不妥。阅读对于一个人的影响实在太大，阅读让人看到新的事物，了解新的世界，明白不曾懂得的道理，从而提升思维价值。如果能将阅读所获内化为自己的力量，即可产出更多正能量。因此，我一直处于在阅读中被启示的状态。

乔：平常和同学、朋友在一起时，大家议论有关读书方面的事吗？

殷：偶尔会提及，会将书里的道理和实际案例结合去探讨。在浮躁的社会里，如果只谈读书，受众会比较少。再者，每个人兴趣爱好不同，我尊重个体阅读。群体阅读有点跟风，好像大家都在看什么，我也要去看看，怕自己被落下了。

乔：读书与不读书，你个人怎么看？

殷：这个问题提得有点奇怪啦，哈哈。读书不是一个强制性的事情，所以读与不读，书都在那里。或者我们将"读书"泛化为学习，这样理解起来会轻松一点。我们无时无刻不在学习，读人、读事、读表情、读语气、读新闻、读时事、读他人、读自己。只要眼在看，大脑在思考，就已经是进入了一种"读书"的状态。

乔：你认为，什么样的图书馆是好的图书馆？

殷：这个问题太难回答了。我一直认为，图书馆作为一个社会公益机构，它的定位应该是，不产生短期的经济价值，而是产出长期的社会效益。所以，一个图书馆好不好，我个人认为衡量标准不在于其藏书量大不大、全不全，装修设计现不现代。好的事物需要用恒久的时间作为丈量标准，如能纵观历史，一个图书馆的出现，改变了一个地区的人们对待文化的态度，提升了那个地区人民生活的幸福指数，创造了长久而优异的社会效益，这就是一个好的图书馆。

阅读书目

《遇见未知的自己》，张德芬著，江苏凤凰美术出版社，2010 年出版。

读书，了解世界，把握未来

访 谈 者：乔真，东莞图书馆采编部馆员

被访谈者：郭枫，90 后

访谈时间：2017 年 6 月初

乔真（以下简称"乔"）：你妈妈很爱读书，每次和你妈妈交谈都非常愉快。在你的成长过程中，妈妈对你的影响大吗？读书之于你，是一种怎样的感受？

郭枫（以下简称"郭"）：谢谢肯定。在我印象中，老妈向来把读书看作日常生活中不可或缺的一部分。家里，特别是她的房间里面随处可见"乱摆放"的书，每每路过书店，老妈总会进去逛逛，遇到感兴趣的书就会坐下来读。在机场候机的时候，老妈最爱去的也是书店。老妈不光爱阅读，也善于发现好书，并且经常在家举办读书分享会。我生活在这样的氛围中，从小也算喜欢阅读。书，相当于一面镜子，阅读就是一个给自己照镜子的过程，照出自己的现状，也照出自己的不足。

乔：在你遇到人生挫折的时候，你会用读书开解自己吗？有哪些书，照亮过曾经灰暗的路程？

郭：我现在还不敢说自己是个很成熟的人，每每遇到挫折，我并不确定自己能够用最理智和智慧的方式去解决。但是我觉得，阅读首先讲求心境平和，因此有长期良好阅读习惯的人，在遇到困难时能够更加淡定和理智，进而更好地化解困难。因此，阅读并不仅仅是获取某本书的内容，同时也是对自己心智的一种锻炼与提高。我会在遇到挫折困难的时候阅读，或者是"强迫"自己阅读。小的时候遇到困难或者是不开心了，我会看自己最感兴趣的汽车杂志或者是鬼故事来转移注意力并刺激自己。现在，我会看一些名家的文学作品来开导纾解自己。我只能说有很多书读完给自己带来了启发，但是能够"照亮人生"的书还真的不好说。我想说，读书是个慢活，需要积累。很多时候花个几天几个月读完一本书，也许"只能"获得一些启发和留下一点印象，但这已经足够了，这些启发给个人带来的影响是无法估量的。

乔：你还记得经常泡在图书馆里的时光吗？那种体验愉快吗？从中获益了吗？

郭：哈哈，图书馆，我泡图书馆最多的时候不是大学，而是中考后的那个长假。那年考完中考，整个人都彻彻底底放松了，但是面对很长的假期还是觉得应该安排固定的活动。正巧，一个发小儿发动了很多小学同班同学一起去市立图书馆做义工，每天上午去下午回，为期两个月，于是我就欣然参加了。图书馆义工的主要工作就是维持图书馆的基本秩序以及把读者看完的书归位。闲暇时间可以挑自己喜欢的书阅读。这次经历让我读了很多书，还与自己的老同学重叙了友情。

大一刚入学时一位老师说："想尽早找到女朋友，就固定去图书馆，总能遇见对的人。"大学总的来说，在图书馆待的时间不算很多，大部分时间是在宿舍看书，反倒更清静。

乔：每当新的一年来到时，你有没有列出新年计划的习惯？在列计划时，有没有列出一份大致想阅读的书目清单？

郭：说实话，参加工作之前并没有做过阅读计划，也没有这个习惯，学生时代的读书也许是出于单纯满足自己的阅读兴趣。做阅读计划是工作之后才有的行为，因为出来工作之后发现自己实在是欠缺太多的知识和技能。现在小说类书籍退居二线，平时更重要的读书任务是多读技能类专业书籍，这些书籍成为"专业功课"。就拿今年来说，我给自己选择了三四本有关经济学和会计方面的书。书目清单里还有两本小说，不过不要求硬性读完，起的是"调剂"作用。

乔：最近《中国诗词大会》非常火爆，主持人董卿是一个爱读书的人，有人说因为她知道"书在她的手上，世界就在她的手上"。你怎么理解这句话的含义？

郭：书本就是知识，而知识是认识世界的通道，掌握知识就能了解、认识这个世界。现在很多调查显示国人的读书量偏少，因此像《中国诗词大会》这样的节目真应该大力推广。

乔：你很年轻，未来的路很长，在选择女朋友时，会将爱读书作为考量对方的条件之一吗？

郭：哈哈，个人觉得爱读书一定会给自己中意的女生加分。"腹有诗书气自华"，爱读书、有知识的女生一定会在行为举止和品行甚至是相貌等多方面"靠谱"

很多。

乔： 你期望的图书馆是怎样的？

郭： 现在的图书馆，个人感觉大部分都比较陈旧（馆内氛围阴沉），硬件设施落后，书本分类过多、过于复杂，让读者无从下手，读书位子不够多，人太多、太杂，吵闹，关键是大家并不都在阅读，起码我就见过很多来图书馆吹空调的人。个人期望，要有足够多的位子来方便大家阅读，有明亮轻松的阅读环境，加强对进馆人员的管理。

阅读书目

《中国诗词大会》（上、下），中央电视台《中国诗词大会》栏目组，中华书局，2017 年出版。

阅读助我重构知识体系

访 谈 者：乔真，东莞图书馆采编部馆员

被访谈者：叶倩玉，80 后

访谈时间：2017 年 6 月初

乔真（以下简称"乔"）：小叶，你是历史专业毕业的，在展览馆工作，是不是有一种如鱼得水的感觉？除了历史文物展之外，当你接到一个与自己所学专业无关的展览任务时，你会到图书馆查阅相关书籍做进一步了解吗？

叶倩玉（以下简称"叶"）：其实并没有如鱼得水的感觉，因为我工作了之后发现，每一次展览都要重新查阅资料、整理、梳理、挑选，已形成的知识框架里没有现成的能直接拿来用的东西，可能是因为我的知识比较零碎吧。如果遇到刚好是我感兴趣的展览时，我会通过各种途径去了解相关的内容，翻阅书籍只是其中一种，上网查找、学习对我来说更随性些。

乔：你和家人、朋友、同学一起庆祝过"世界读书日""世界儿童阅读日"这样的节日吗？在你成长的历程中，家人或朋友会在读书节送书给你吗？送礼物的时候，有朋友赠送图书馆借书证这样的礼物吗？

叶：我没有特别地去过读书日，可能现在阅读对于我周围的大部分人来说属于日常行为吧。哈哈，不一定哪本书，毕竟接收信息太方便了，时时刻刻都在被动或无意识地读书。大学有几个朋友会偶尔给我送书，不过也是很少的，大部分的书我都是自己买。至今没有收到过借书证这样的礼物。

乔：在你的微信朋友圈中，看见你到图书馆自习室读书的相片，你通常会在什么情况下利用图书馆？一年来多少次？每次都借书吗？

叶：那是我之前在图书馆参加一个阿拉伯语培训班时拍的。现在很少去图书馆了，更习惯在家里的小书房看书。而且我想看的书，大部分都自己买回家，很少在图书馆借书。

乔：你和朋友结伴去书店的话，比较喜欢哪家书店？去旅行的路上，你会买书吗？

叶：雍华庭麦当劳那边有家"思想者"书店，我工作以后基本上都在那家书店买书。那个书店原来是在地下停车场里，一对夫妻开的，生意还不错。对我来说，还是很希望支持实体书店，特别是私人书店。我通常会在旅游前把有关那个地方的书先看了，旅游路上尽量轻装上阵，买书的情况很少，但是看到感兴趣的，会拍下来，回来再买。

我会在旅行前查阅旅行地的相关资料，国内的旅游点通常不带书，国外游会随身带 1~2 本当地游图书，一本是澳大利亚 LonelyPlanet 公司编辑，中国地图出版社出版的 LonelyPlanet 系列图书，另一本有关当地人文史料方面的书，其他资讯可通过网络即时查询。我常会在旅途中买书，一是觉得比较有纪念意义，二是有些书在网上或本市书店根本买不到，如：在南昌滕王阁旅游时，我在地摊上买过民间流传的书；在北京，购买过商务印书馆实体书店卖的书。

乔：我在微信朋友圈中看见你发了满地木棉花的相片，你和朋友们收集这些落地的木棉花一定用了很长时间吧？如果落地的木棉花达不到你们希望拍摄的效果，你们会去敲落树上的花营造美景吗？平常也喜欢看一些摄影杂志和书吗？

叶：那些照片是我同事拍的。那个时候刚好是木棉花开的时节，所以就地取材了，其实就在同沙水库那边。我们没有敲落树上的花，顶多是捡已经落下的，让它更集中吧。平常我会看一些摄影杂志和书，办公室订了摄影相关的杂志。

乔：平时会关注爱护自然的图书吗？如《自然笔记》《自然文库》《林中漫步》《原野漫步》之类的书。

叶：我读书比较杂，会读到一些关于自然的书，最近读过一些有关自然方面的书，但我不会专门去找，有时候逛书店看到喜欢的、合心意的就买回家看。今年读过的书有：

1.《人类群星闪耀时》，〔奥〕斯蒂芬·茨威格著，生活·读书·新知三联书店。通过人的故事，勾画出大时代，透露出对人性的思考与期盼。

2.《独立，从一个人旅行开始》，〔日〕新井一二三著，上海译文出版社。

作者从日本到中国旅行（七八十年代），不仅看到个人的心事心志，也能看到七八十年代中国的模样。他惊奇于现在中国有些地方还与七八十年代有些相似，很有趣。

3.《极简海洋文明史》，〔英〕菲利普·德·索萨著，中信出版集团。

《极简人类史》《极简中国史》《极简科学史》与尤瓦尔·赫拉利的《人类简史》异曲同工，简单明了，世界、航海、中国、科学是怎么变成现在的样子的，一目了然。

4.《超新星纪元》，刘慈欣著，中国华侨出版社。

孩子想要的世界是什么样的？《超新星纪元》可能会告诉你。

5.《耶路撒冷三千年》，〔英〕西蒙·蒙蒂菲奥里著，民主与建设出版社；《犹太人的故事》，〔英〕西门·沙马著，化学工业出版社。

两本书从不同的角度写犹太历史。《耶路撒冷三千年》类似于叙事加点故事。《犹太人的故事》则在回答犹太人在历史上无时无刻都要面对的问题：在生命受到威胁的时候，该如何解决活下去和坚持信仰冲突的问题？这又很像每个人与其如何适应环境的问题，这本书提供了关于这方面问题的视野。

6.《美国众神》，小说一本，有趣，"开脑洞"，把现实问题游戏化。

乔：你利用过几个图书馆？喜欢和向往的图书馆是怎样的？

叶：利用过几个图书馆，这个我还真没有去计算过。主要是大学的图书馆和居住地附近的图书馆。现在的图书馆在功能上已经很多元了，吃喝玩乐住都能与阅读结合在一起了。我喜欢的图书馆是私人的，有自己韵味的，比较偏向于喜欢私人图书馆，像高晓松把自己收藏的书建了一个图书馆，好像叫杂书馆吧，我特别想去看看。

乔：除了名人开的私人图书馆，北京还有最早的私人图书馆"共读楼"，该馆不仅对外开放还有《共读楼书目》，单向街图书馆经常聚集着一些作家、评论家、剧作家、导演、戏剧工作者、音乐人等漫天闲聊。东莞南城白马路也有一家私人图书馆。

阅读书目

1.《自然笔记》（8册），金波等编，江苏凤凰少年儿童出版社，2017年出版。

2.《自然文库》（4册），〔美〕戈登·汉普顿等著，陈雅云等译，商务印书馆，2014年出版。

3.《林中漫步：231 种植物的手绘自然笔记》，〔日〕长谷川哲雄著，宁凡译，人民邮电出版社，2015 年出版。

4.《原野漫步》（2 册），〔日〕长谷川哲雄著，周竹君等译，人民邮电出版社，2015 年出版。

5.《人类群星闪耀时：十四篇历史特写（增订版）》，〔奥〕斯蒂芬·茨威格著，舒昌善译，生活·读书·新知三联书店，2015 年出版。

6.《独立，从一个人旅行开始》，〔日〕新井一二三著，上海译文出版社，2011 年出版。

7.《极简海洋文明史：航海与世界历史 5000 年》，〔英〕菲利普·德·索萨著，施诚、张珉璐译，中信出版集团，2016 年出版。

8.《极简人类史：从宇宙大爆炸到 21 世纪》，〔美〕大卫·克里斯蒂安著，王睿译，中信出版集团，2016 年出版。

9.《极简中国史》，吕思勉著，天津人民出版社，2016 年出版。

10.《极简科学史：人类探索世界和自我的 2500 年》，〔美〕苏珊·怀斯·鲍尔著，徐彬、王小琛译，中信出版集团，2016 年出版。

11.《超新星纪元》，刘慈欣著，中国华侨出版社，2016 年出版。

12.《耶路撒冷三千年》，〔英〕西蒙·蒙蒂菲奥里著，张倩红、马丹静译，民主与建设出版社，2015 年出版。

13.《犹太人的故事：寻找失落的字符》，〔英〕西门·沙马著，黄福武、黄梦初译，化学工业出版社，2016 年出版。

14.《美国众神》，〔美〕尼尔·盖曼著，戚林译，北京联合出版公司，2017 年出版。

图书馆讲座引领我读文史书

访 谈 者：乔真，东莞图书馆采编部馆员

被访谈者：张书登，70后

访谈时间：2017年9月上旬至10月中旬

乔真（以下简称"乔"）：张先生，你好！作为一位全民阅读推广者，你在地铁车厢中看到满目皆为"手机控"的场景有何感想？你有什么好的建议唤起更多的人爱上阅读吗？

张书登（以下简称"张"）：智能手机在使人们的阅读及生活更加方便和丰富的同时，也有弊端，人们使用手机应有所节制，不要被手机绑架，尤其在路上需注意安全。建议大家多深度阅读纸质书，父母多引导孩子去图书馆看看。

乔：常看见你在东莞图书馆"易读书友会"中发表诗作，你从什么时候开始写诗？哪些诗人的作品让你爱上诗歌？

张：在写诗风格上，受汪国真老师的影响深，喜欢他诗歌中的清新自然、阳光向上，这也与个人性格有关吧。

乔：你从王小波的作品中悟到了什么？有很多读书人因为看王小波的书，爱屋及乌，也会读一些他妻子李银河博士的书，你读过性学专家李银河博士的书吗？国内有些艺人，读李银河博士的作品，误入歧途，唤起了自身的性虐癖，你怎样看这类缺乏修养、人格裂变的明星？

张：读过王小波的《一只特立独行的猪》和《黄金时代》，作品真实反映了人物本真的心理行为。至于李银河的作品我没读过，不便评说。至于那些艺人，这与他们的个人修养有关，即便是某些作家和诗人也有这种倾向，值得反思。

乔：你读过哪些优美的散文，令你久久难忘？

张：散文印象深的有很多，平时主要读些散文精选集，朱成玉老师是最早在网络上认识的，而后在图书馆看过不少他的书，所以受他影响也很深。我觉得网络的宣传作用还是巨大的，这对当代作者提出了更高的要求，作品须经得起历史的考验和过滤才行。

乔：您常读历史类书籍吗？《贞观时代·李世民》与其他史书记载的盛世唐朝有何不同？

张：我在南书房听过《贞观时代·李世民》的作者李大民老师的一节讲座，唐朝历史只是在中学历史书中看过，觉得他对太宗心理行为的剖析是一大特色。

乔：您从《中庸全鉴》中获得了哪些人生教益？您怎么看儒家文化？

张："中庸"的要义就是劝导大家为人处事不偏不倚、把握好分寸，这一点在日常生活工作中时时遵从，儒家文化的"仁、义、礼、智、信"等对规范国人的行为作用巨大，中华文明的延续也得益于此。

乔：我在您的微信朋友圈中看到一些油画、国画作品，您在图书馆借阅美术类书籍吗？哪个图书馆能够最大化地满足您这方面需求？

张：至于油画、国画作品，主要是在休息日到各美术馆参观后随手拍的，也有部分取自网友分享，在图书馆对这类书籍只是随手翻阅，为了扩大视野，文学与艺术密不可分，都需要深入学习。

乔："文明·乐读一小时"活动是与深圳福田区图书馆合作举办吗？这项活动倡导的"读行者"怎么实现？组织者是否对首次参与活动者进行跟进式连续服务？还是自愿参加、随性而为？

张："文明·乐读一小时"是由深圳文联举办的，每个星期天都有，遇到自己感兴趣的就去听，去的较多的是由深圳图书馆与深圳都市频道合办的"市民大讲堂"，这里的讲座质量水平更高。

乔：您在利用东莞图书馆和深圳图书馆时，感觉哪个馆的服务令您感到更便利？

张：现在在深圳工作，去深圳图书馆方便些，就近原则吧。

乔：您理想中的图书馆是怎样的？

张：我不是做专业学术研究的，对于打工一族，能有东莞图书馆和深圳图书馆为我们免费服务，心中十分感动，这就是城市软实力的最佳体现吧！借这个访谈也祝图书馆的影响力越来越大，造福大众，提高国民整体素养，再次感谢！

阅读书目

1.《一只特立独行的猪》，王小波著，北方文艺出版社，2006 年出版。

2.《黄金时代》，王小波著，北京十月文艺出版社，2014 年出版。

3.《贞观时代·李世民》，李大民著，东方出版社，2011 年出版。

4.《中庸全鉴》，子思著，中国纺织出版社，2016 年出版。

5.《中庸》，赵征著，线装书局，2013 年出版。

在图书馆公益班趣味乐学

访 谈 者：乔真，东莞图书馆采编部馆员

被访谈者：张惠，50 后

访谈时间：2018 年 1 月初

乔真（以下简称"乔"）：张姐好，您参加了图书馆的手机摄影培训班、粤语学习班、形体训练学习班，您也常常在朋友圈中分享在图书馆的学习经历，这些经历是不是给您带来了很多快乐和趣味？

张惠（以下简称"张"）：对，是这样。我参加粤语学习班前前后后有三年时间了，主要是退休了，工作日在家帮儿子带孩子，周末有时间参加图书馆的公益学习班，学习一些新东西，认识一些年轻的同学，感觉心情特别好。老师都是义务传授知识，他们不是为了赚钱谋取利益，这种精神很让人敬佩，这件事本身就是社会进步的一种表现。我还开玩笑地跟老师说："您是白求恩式的人，白求恩不远万里到中国帮助共产党参加抗日革命，您下了班还不图报酬来给我们上课，您的精神鼓励我们学起来很有劲头。"

乔：您退休了，从北方来到东莞，断断续续学了三年粤语，现在是不是已经可以用粤语和当地人交流了？

张：那倒没有，因为我居住的小区基本上都是来自五湖四海的人，加上每年夏季也要回乌鲁木齐探望母亲几个月，没有语言环境，现在去菜市场买菜遇见当地的菜农，他们讲东莞话，我还是听不懂。图书馆的粤语学习班是不断循环进行的，这个学习班没有提高班，主要是学习一些基础会话，老师领你入门，学完四十二节课之后，又从头开始，学员随时可以增减，很松散，以前周末上课，我每次都来，最近改在周二晚上了，我很少来了，如果这个学习班有提高晋级班，我无论如何都会安排时间来上课。我现在坐公交车可以听懂粤语报站，在家做家务时收听收音机的粤语台，一个人看电视时，就选粤语台训练听力，东莞新闻我基本都可以听懂，以前我一句都不懂。我很喜欢学语言，小学时学过俄语，高中时学过英语，毕业后下乡，学维语，每一种语言都有自己的文化，很有意思。来到广东

后，感觉粤语歌很好听，以后都要长期生活在这里，所以很想学，在玩中快乐学习，感觉很有乐趣，一点都不累，每周学一个半小时，还学了几首粤语儿歌，特别有意思。

乔：您参加图书馆手机摄影班学习有没有摄影作品参加展览？

张：没有，很遗憾。手机摄影班刚上了两节课，我父亲病危了，所以就立即赶回去照顾老人了，我爱旅行又爱摄影，知道有这个培训，就报名参加了，但是家中老人也不得不顾及。其他坚持的学员有作品参展了。

乔：我看您有时周末还来图书馆看电影，您觉得在图书馆影视厅看电影和在电影院看电影有什么不同吗？

张：图书馆有老师讲解怎样欣赏电影名片，像上次那部《放牛班的春天》，这部奥斯卡获奖电影我原来一直想看，在图书馆看电影音响、视觉、感觉都比电影院要好，人少还有老师讲，比电影院还享受。我从小就一直喜欢看电影，退休前，电影院有什么好电影我们一家都不会错过，三口之家总是会一起去电影院看，像李安、冯小刚、张艺谋导演的电影我都不会错过。

乔：您除了参加图书馆学习中心的各类培训班之外，还喜欢图书馆的哪些活动？

张：我周末有时还去报告厅听讲座，前一段时间的"纪念贝多芬逝世190周年专题讲座——走近乐圣贝多芬"，帮我扫了不会欣赏古典音乐的盲区。"海上丝绸之路与东莞"的讲座，让我知道了，东莞也与丝绸之路有关，原来一直以为丝绸之路只是陆路，我从小生长在乌鲁木齐，这个城市是丝绸之路上的一个点。没想到东莞的红薯，本地人叫"番薯"，就是通过丝绸之路引进的，感觉很有意思。

除此之外，我还喜欢到报刊阅览室去看《中国电视报》，我在家看电视都是有选择的，平均每周都会到图书馆用大约两小时浏览一下《中国电视报》。以前我一直订这份报纸，来到东莞后也订过一段时间，但是不像在乌鲁木齐总是能及时收到，经常丢失，后来发现图书馆有这份报纸，我就不订了。每次来图书馆上课，有时提前来，有时下课后就去报刊阅览室看，时间紧的话，我就用手机拍下来，回家慢慢看，选择电视剧就根据这份报纸的信息。

乔：您每次外出旅行前会不会到图书馆来查找书刊资料？

张：我前两年在图书馆借过一本书，讲的是一个瑜伽老师到印度学习正宗瑜伽的经历，她把九个月在印度的学习过程和所见所闻写成了书，我本来对瑜伽比较有兴趣，这本书让我很想去印度旅游，挺好。我还借过一本书，是台湾人写的《日常美国：旅美生活随笔》，主要介绍了美国的人文、历史、地理，原来一直以为美国很大很好，其实实地旅行看了之后，就有了自己的亲历亲闻，不再盲目崇拜。我一般去之前都会做功课，搜一些旅行攻略，旅行回来后，也会写游记，把旅行过的地方再捋一下。

十五年前，我第一次出国就是到俄罗斯旅行，俄罗斯人对中国人非常友好，我小时候受俄罗斯文化影响比较大，一直很向往，那里有小时候学的歌曲《红莓花儿开》，高尔基的《母亲》《海燕》，普希金的爱情诗。到了俄罗斯，我就感觉很亲切，他们很友好，我们在涅瓦河的船上旅行时唱《喀秋莎》《红莓花儿开》，他们唱《大海航行靠舵手》《敬爱的毛主席》等一些红歌，大家非常开心。我去过不少地方旅行，对俄罗斯印象最好。

阅读书目

1.《日常美国：旅美生活随笔》，沈宁著，龙门书局，2012 年出版。

2.《母亲》，〔苏联〕高尔基著，人民文学出版社，1973 年出版。

3.《海燕》(《海燕之歌及其他》)，〔苏联〕高尔基著，商务印书馆，1979 年出版。

4.《普希金抒情诗集》，〔俄〕普希金著，新文艺出版社，1957 年出版。

做读书笔记，受益良多的读书方式

访 谈 者：乔真，东莞图书馆采编部馆员

被访谈者：ERIC，80 后

访谈时间：2018 年 1 月下旬

乔真（以下简称"乔"）：你经常参加易读书友会的读书分享活动吗？

ERIC：我只是偶尔参加，2016 年底一次来图书馆看书时听见易读书友会有分享年度书单的活动，感觉很有趣就来了。

乔：你平时多久来一次图书馆？

ERIC：2017 年以来工作没之前忙，我看书的时间就多了，平均两周来一次图书馆。自己平时会买一些书，网上还看一些，再从 Kindle 上看一些书，读的书比较多。

乔：一年的阅读量大概是多少？

ERIC：这个没统计过，看书很随意，记性不太好。上次参加一年书单分享，我就不能完全记住一年来读过的所有书，需要找到那些读过的书，一一梳理。我从前没有做读书笔记的习惯，这很不好，最近开始改变，慢慢开始做一些读书笔记。做读书笔记之后，感觉读书效果更好了，能够记住书中的主要内容和大意。不做读书笔记时，不总结、不归纳，书看过之后也不会再看，一段时间后就忘了，不是一个好的习惯。我从 2017 年上半年开始，一边读书，一边做读书笔记，读书时的感悟，书中关联的书，都会记下来，慢慢积累下来，偶尔翻一下，有时会有一种陌生感，当时看到某本书的某一章节时，当时是那样想的，很能启发思维，感觉很有意思。

我以前总想读更多的书，觉得做读书笔记浪费时间，不如多读几本书，如：在看陈独秀的书时，发现傅斯年的书也具有可读性……书越读越多，就好像在和时间赛跑。

乔：2017 易读书友会春天诗歌分享，你带着儿子来参加了，你诗写得很好，充满了亲情，你在家中亲子阅读一定做得很好吧？

ERIC：其实不太好，没有形成一个特定的时间来做这件事，一直很想坚持做下去，但总是会被一些事情干扰而中断，以后还是要想办法坚持在一个特定的时间里陪孩子阅读绘本，希望能够通过这种持续不断的行为，培养他爱上阅读。

乔：其实，你可以每周固定一次或者两次陪伴小孩读书，慢慢形成习惯，让他自己在那个固定的时间读书，渐渐爱上阅读。

ERIC：也是，把难度降低一些，具有可实施性。

乔：你每次来图书馆都带孩子吗？

ERIC：我带过几次，去一楼的儿童阅览室，我的小孩性格好动，静不下来，喜欢动手做一些事，不能静下来读书。他喜欢听故事、搭积木，主要是我没坚持陪他阅读。还有少儿阅览室人多，也比较嘈杂。现在，我就不太带他来了。

乔：你小时候应该很爱读书吧？

ERIC：是啊，那个时候没有这么多书可以读，生活在农村，读书的条件非常有限，那时唯一能够得到课外书的地方就是新华书店，我们那里的新华书店设了一个图书外借室，我就从这个小小的阅览室里借了《家》《春》《秋》，一些文学名著都在那里借到的。高中之前，基本以课本为主，其他课外书也就读了一些韩寒的作品和一些名著。

乔：真正开始利用图书馆是在上大学时？

ERIC：是啊，小时候，在家乡就没听说过图书馆，到了大学在图书馆里看了很多书，什么书都看，非常杂，不系统，对一个主题或某方面东西在一段时间内感兴趣时，就集中精力读一些，大多是泛读，也不做读书笔记。精读的，也就是专业书和一些与专业相关的书。那时流行书也读了不少，如《狼图腾》《平凡的世界》等都是那个时候读的。

乔：就是兴之所至，没有按照知识框架系统地规划需要读哪些书？

ERIC：是这样。那时，同学之间也经常分享图书。

乔：你理想中的图书馆是怎样的？

ERIC：是交互式的，不是汲取式的，我可以把我的所思所想融入图书信息里，对我的信息感兴趣的人，可以与我沟通。图书馆可以整理所有图书信息，把荒谬的、有害的、虚假的、重复的信息都自动过滤掉，把人类真、善、美的信息都呈现给我。

阅读书目

1.《家》，巴金著，人民文学出版社，1981 年出版。

2.《春》，巴金著，人民文学出版社，1988 年出版。

3.《秋》，巴金著，人民文学出版社，1982 年出版。

4.《狼图腾》，姜戎著，长江文艺出版社，2014 年出版。

5.《平凡的世界》，路遥著，北京十月文艺出版社，2012 年出版。

期望的天堂

对图书馆的期待：书丰且新

访 谈 者：乔真，东莞图书馆采编部馆员

被访谈者：赵小兔，75后

访谈时间：2015年1月初至中旬

乔真（以下简称"乔"）：作为律师，你是否觉得这个职业要求你不断汲取新的知识？图书馆对于你的工作有帮助吗？

赵小兔（以下简称"赵"）：的确，律师需要不断汲取新知识，但现在都是买书或听讲座，几乎不去图书馆。

乔：在微信群中，看到你在节假日时会陪儿子到图书馆消磨时光。图书馆在你的家庭生活中是不是很重要？

赵：原来图书馆在我们家很重要，每周都要带小孩去看书、借书。现在搬到了松山湖，这里的图书馆的书很少且旧。去了一次后，就再没有去过。

乔：松山湖图书馆暂时不是东莞图书馆分馆，如果你家现在还保留着东莞图书馆的借书证，你可以在网上预约图书，不用自己跑，东莞图书馆的物流能将你需要的图书送至距松山湖较近的大朗镇图书馆、寮步镇图书馆和大岭山镇图书馆。

同时，你还可以预约东莞图书馆任意一家分馆的图书，办理借还书手续。

如你对我馆分馆的服务有建议，可登录本馆网站表达你的想法，东莞图书馆读者服务部有专人负责定期整理读者意见并反馈给相关业务部门和馆领导。同时，你也可以利用我馆图书流动车来满足你的家人对于阅读和文化生活的需求。

除此之外，松山湖图书馆拟将成为东莞图书馆分馆，目前正在进行业务系统对接、相关数据转换工作，预计年内可完成。届时，你对该馆服务不满意，可以向该馆领导表达你的意见，也可通过我馆网站反映你的意见。

赵： 做了这么多工作，谢谢！寒假再多带小孩去图书馆。他现在都是自己买书，如儿童文学经典作家系列，那个系列的书很棒。

乔： 欢迎你和孩子再次回到图书馆来，我可以发一些最近获奖的儿童书目给你。

赵： 好的，谢谢！

乔： 2015 年，你计划读多少本书？ 365 天中，有多少天将在图书馆中度过？

赵： 现在都是买书或下载电子书看。我个人每年看十几本专业书，不会去图书馆了。

乔： 在你利用图书馆的过程中，对图书馆还有什么更高的期待吗？

赵： 图书要多，要及时更新，才能吸引读者。

好的图书馆一定要有好的数据

访 谈 者：乔真，东莞图书馆采编部馆员

被访谈者：万彦，80 后

访谈时间：2015 年 1 月中旬

乔真（以下简称"乔"）：记得之前听你说过，小时候租书摊上的书看，那时你们那儿还没有公共图书馆？从什么时候开始在图书馆里看书？第一次坐拥"书城"的感觉还有印象吗？

万彦（以下简称"万"）：我读小学时，我们县城就有了图书馆，图书馆设在文化馆里面，我还办过借书证，两块钱办个证，周末常常跟小伙伴去图书馆看书，那时小，也不认识几个字，主要看漫画书，如《葫芦娃》《童话大王》等。

那时，我们称呼图书馆的工作人员为老师。我们每看完一本书，就交给她，她放好后，我们才能看新的书。

乔：那时是不是一边看书，一边还想着书架上的其他好书？

万：有，但是一次只能拿一本书，有时小伙伴们还会交换看，也可以借回家看，不过两周就要还。

乔：你是受这些漫画书的影响，走上了学美术的专业道路？

万：那倒不是，小时候看漫画，主要是觉得好玩。

乔：图书馆给你的童年留下了很多美好的回忆，对吗？

万：是的，我喜欢看书，小时候感觉图书馆干净、安静，不能大声说话，也不能吃零食，图书馆老师坐在那里，也在看书，我们说话大声点儿，她就提示我们要"安静"。

乔：什么时候开始感觉图书馆的藏书不能满足你的阅读需求？

万：读研究生后，基本涉猎的都是专业书，公共图书馆通识性的藏书就很少看了，在学校图书馆主要是查找文献，电子文献。

乔：现在还会定期陪家人一起到图书馆看书吗？

万：有时会，不定期。

乔：莞城图书馆的美术类书籍馆藏丰富，地处莞城中心地段，你充分利用过那里的藏书吗？

万：每月去两次吧，莞城图书馆藏书以美术类书籍为特色之一，很不错。只是有时更新太慢，有些专业书，我已经买了，看完了，那里才出现，不能及时反映学科的前沿动向，不过有总比没有好。

乔：在我的印象中你是一位积极的读者，与图书馆拥有良好的互动关系，是不是每次你向图书馆推荐的图书，图书馆都购买，并及时通知你，书已入藏可借阅？

万：我给莞城图书馆写过读者意见，希望他们购置一些海外研究中国美术史的书，如高居翰、李铸晋、包华石、柯律格、班宗华等人的书。之后，看到书架上添置了高居翰研究中国晚明绘画史的三本巨著《隔江山色》《江岸送别》《山外山》，很是欣慰，但我从没有收到什么通知。我觉得莞城图书馆以收藏美术类书籍作为它的馆藏定位之一，如果缺少这些研究性书籍，就显得不太专业，深度不够，好在馆方已经意识到了，每次去，都会有惊喜。

乔：可以分享几本你认为的好书吗？

万：近来看书比较杂，像上面提到的大家的书是常看常新的，看一遍还不行，最好多看几遍。我手头上有本陆键东著的《陈寅恪的最后20年》，同事推荐的好书，三联出版的，很好，三联的书都很好，是我很喜欢的出版社。

乔：新的一年，对图书馆有着怎样的期待？有阅读计划吗？

万：我认为好的图书馆，除了有好的藏书，还要有各类文献数据库。如上海图书馆收藏有民国期刊、旧报纸，并且都扫描好了，直接检索就可以找到，非常好用。"岭南画派"的很多资料都要去那里找。北京的图书馆也是，很多东莞地方文史资料，东莞没有，要去北京、南京找。我期待东莞的图书馆能多购买一些数据库，知网是基本需求，四库检索、方志、民国旧报纸期刊等这些都非常好，希望有更多的图书数据库，供读者阅读、查找，为学术研究提供便利，让我们获取信息也能够与时俱进。

阅读书目

1.《葫芦娃》，张庚编绘，河北美术出版社，1984 年出版。

2.《童话大王》，童话大王杂志社，1985 年出版。

3.《隔江山色：元代绘画（1279—1368）》，〔美〕高居翰著，生活·读书·新知三联书店，2009 年出版。

4.《江岸送别：明代初期与中期绘画（1368—1580）》，〔美〕高居翰著，生活·读书·新知三联书店，2009 年出版。

5.《山外山：晚明绘画（1570—1644）》，〔美〕高居翰著，生活·读书·新知三联书店，2009 年出版。

6.《陈寅恪的最后 20 年》，陆键东著，生活·读书·新知三联书店，2013 年出版。

图书馆未来是否有"私人定制"服务?

访 谈 者：乔真，东莞图书馆采编部馆员

被访谈者：麦淑贤，80后

访谈时间：2015年1月中旬

乔真（以下简称"乔"）：你从什么时候开始喜欢图书馆?

麦淑贤（以下简称"麦"）：接触到真正的图书馆，应该是从高中开始。此前就读的学校没有建造图书馆的条件。但第一次接触共享图书，是在小学，当时班主任组织同学们在教室里面建了一个很小的共享图书角，大家带书交换看。

乔：所以，从那时起你就爱上了阅读?

麦：小学开始爱上阅读。小时候，家穷，父母为养家糊口起早贪黑，从记事开始姐弟俩都是宅在家里自己玩。我爸虽当过几年民办教师，但家中藏书也很少，都放在一个大木箱里，有破损的《三毛流浪记》《唐诗三百首》以及一些《农业知识》杂志。那时家长买不起玩具，我就经常蹲坐在木箱边，看呀看……虽然很多字不认识，但也在不知不觉中消磨了很多童年的时光。记得看《农业知识》最多，我最关注里面的生活小常识，对农业种植那些内容不感兴趣。

乔：你很了不起。我童年时就喜欢看连环画，我爸爸的书很多，我只选那些有图画的书。在图书馆阅读的哪些书对你的成长产生了积极意义?

麦：成长过程中读过有意义的书真不少，但有两本印象比较深刻。一本是马蹄疾写的《我可以爱——鲁迅的婚恋世界》。无论是上小学还是初中，我们都学习过不少鲁迅的文章，但对于鲁迅的介绍，语文老师永远只有一句："鲁迅，原名周树人，浙江绍兴人，中国现代伟大的文学家、思想家和革命家。"当我在高中图书馆内读到这本书时可谓"震撼"！原来鲁迅也是有血有肉的"人"，而非被人为塑造的"神"。虽然现在看来这本书的观点可能存在问题，但这本书让我明白了学校教育可能存在局限，人和世界的面貌可能取决于我们观察的角度和认知的立场，这样的认识一直影响着我。此后，我对人物传记类的书就比较感兴趣，看这类书的目的不仅在于猎奇，还在于学习。虽然每个人的生命轨迹不可能完全

相同，但我在阅读的过程中，在体验与抽离之间，通过别人的人生历程和命运抉择获得了人生的智慧。

当然，个人认为写人物传记是颇有难度的，写得好的很少，至今看过最好的莫过于《陈寅恪的最后20年》。

第二本是乡土教材，具体名字我已经记不真切了。那时候我读小学，学校发了一本乡土教材，不是教科书，属于课余读物，可能是我家所属的那个镇文教办编的。那是薄薄的一本书，介绍家乡的地理位置、名称由来、特色、物产等。那是我第一次在书本中认识到家乡的历史，如今时隔多年仍然记得部分内容。此后我又读了一些关于广东的乡土教材，对广东文化有了一点了解。初中时，学校招来了一批来自客家地区的年轻教师，我为了好玩跟着他们学过一点客家话。现在想来，我如今从事的工作，与研究地方历史文化有关，或许有当年潜移默化的影响，亦可能是冥冥之中的机缘巧合吧。

乔：你寻访了几个国内知名的藏书阁/楼？每到一处，都能如愿一睹古籍芳容吗？是不是每次都不虚此行？当你不能如愿获取知识时，对比国外的图书馆管理，你有何感想和建议？

麦：到目前为止，我只去过天一阁。我是古典文献专业的，又在博物馆工作，所以天一阁是具有特别意义的地方。亲身游览后，内心无比羡慕。那里既是我国现存历史最久的私家藏书楼，也是世界上现存最早的三个私家藏书楼之一，又是一座环境清幽、历史悠久的江南园林，一座以藏书文化为特色的专题性博物馆。若能在那里读书、工作，将是一件幸福、奢侈的事情！

我到天一阁主要是参观学习，并非查寻古籍资料，不过还是在玻璃展柜中看到了天一阁所藏部分古籍。作为文博工作者，我非常清楚文物保护的重要性及其所存在的困难，天一阁的大部分藏书能保存至今，主要得益于范氏家族代代相传的管理制度，比如"烟酒切忌登楼""代不分书，书不出阁"等。古籍保存，条件和要求很高，但为了分享宝贵的文化资源，也为了更好地保护古籍，目前很多公共图书馆和研究机构都在逐步进行数字化工作，比如天一阁官方网站上也提供了不少可以下载的古籍资源，极大地方便了读者。

国外图书馆，我至今还没去过。从一些出国访问过的师长处听说，国外图书馆可能更加注重"资源共享"的理念。最近几年，国内大型图书馆在这方面也做得越来越好。我相信在各种新技术的支持下，在图书保护与资源共享之间，国内图书馆能找到一个好的平衡点。

乔：现在，当你也成长为一名可以出版图书的编辑时，你对图书的了解是不是有了更深一层的认识？

麦：是的。因为工作的关系，我参与过数本图书的编辑。当我作为一名编辑，除了全权负责好的文字内容外，还需全程参与封面设计、版面设计、纸张选择、印刷工艺选择等工作。无论是图片的位置、纸张的厚薄，还是字体的大小、标点符号的使用，在读者未必注意的地方，它们背后都是经过编辑人员用心斟酌的。所以，现在我拿到一本书，会关注上述这些细节，包括别人随手扔掉的腰封，我觉得设计得不错的，都会当作资料收集。最近莞城图书馆举办的"书籍设计十人展"，我去看了，收获颇多。一本优质的图书，绝对讲究细节，它不但给我们带来知识，也带来视觉和心灵的双重享受。

乔：在你利用过的图书馆中，能够最大限度满足你需求的图书馆是哪个馆？为什么？

麦：中山大学图书馆和广东省立中山图书馆。中山大学图书馆，是我求学生涯中重要的"师友"。作为重点综合大学的图书馆，其藏书量丰富，环境优雅，不同楼层带给我不同的阅读体验。一楼的读书长廊，花木围绕，透过玻璃天花板和墙面，可见灿烂阳光和参天大树，坐在小圆桌旁读书，让人心情放松，适合在文学世界中翱翔。三楼主要供人自修以及取阅各种学科用书，十分方便，学习氛围很浓厚，让人不敢懈怠。四楼的特藏厅、五楼的珍藏馆和聚贤厅，我去得最多，那里的文献材料对于研究非常有帮助，在那种氛围中，翻阅古籍，仿佛与古人对话，内心充满着敬意，同时又恨不得把所有的图书幻化成自己的知识和智慧。九十周年校庆时，图书馆开放了中大人文库，据说是最美的图书室，我一定要找个时间去感受一下。

广东省立中山图书馆是我的另一位重要"师友"，尤其是位于文德路的"中山文献馆"。中山文献馆所藏地方文献，对于我的学业、工作都十分重要。大四那年暑假，我跟着师姐每天去文献馆著录木鱼书，这是非常难得的经历。工作之后，因需要收集整理地方文献，所以中山文献馆是我们必去的地方之一。在某些时候，一些图书资料也许当时并不起眼，但若干年后它可能成为重要的历史见证，后人通过它们了解过去、寻找历史。因此，我觉得收藏图书、保护图书是一件功德无量的事情。

乔：你心中图书馆的模样是怎样的？

麦：我心中的图书馆是让人身心自由的地方。限于现实条件和管理需要，所有公共图书馆都必须有严格的借阅制度和防盗窃、防污损的种种措施，对于珍贵图书更是要严加保管。个人认为，这多少让人觉得约束，破坏了阅读的兴趣。不知道将来图书馆发展，是否有"私人定制"服务？就是有一些空间可以供人租用，读者可以把它弄成一个小型私人图书馆，阅读、会友、雅集均可。这个听起来有点理想主义，但我目前还是比较庆幸现实生活中有一个接近理想的地方。我工作所在部门既是研究室，也是一个小型的资料室，里面有不少与工作相关的图书资料。需要阅读时从架上取下，用完后放回原位即可，十分方便。

阅读书目

1.《三毛流浪记》，张乐平著，少年儿童出版社，1988 年出版。

2.《唐诗三百首》，蘅塘居士编，中华书局，1978 年出版。

3.《农业知识》，山东省农业厅主办，1950 年创刊。

4.《我可以爱——鲁迅的婚恋世界》，马蹄疾著，四川文艺出版社，1995 年出版。

5.《陈寅恪的最后 20 年》，陆键东著，生活·读书·新知三联书店，2013 年出版。

以书会友，以友促读

访 谈 者：乔真，东莞图书馆采编部馆员

被访谈者：汪美云，70后

访谈时间：2016年8月中旬至9月初

乔真（以下简称"乔"）：汪老师，经常在图书馆的易读书友会活动现场见到您，您很好学，喜欢读书、喜欢思考，您一年读多少本书？每次易读书友会活动您都参加吗？除了易读书友会之外，您还参加其他书友会的读书活动吗？在书友会中你获得了什么？

汪美云（以下简称"汪"）：谢谢您的夸奖。刚好我两次参加图书馆的易读书友会活动都遇见您。我一年读的书不多，大约二三十本。我家有两大书柜的书，随时都可以读书的感觉真好。

以后我会努力每期都参加，因为在这个群体中不仅自己读，还可以上台参与读书分享，这让我有更大的动力和责任。要分享给书友，就要保证阅读质量，分享要有点内容和思想才行，否则，不仅浪费了自己的时间，还浪费了书友们的时间。我之前参加过自华读书会和吴晓波书友会。我现在是越来越喜欢读书，有种紧迫感，抓紧时间读书。同时，结识了很多爱读书的老师和朋友。我也逐渐地读更多的、有深度的好书。

乔：您经常利用图书馆的哪些部门？图书馆能够满足您的阅读需求吗？您平常阅读图书参考过图书馆的推荐书目吗？

汪：一般是借还书、24小时自助图书馆、捐赠换书中心、市民空间、市民学堂。去得最多的是四楼市民学堂听讲座。基本能满足需求。较少参考推荐书目。

乔：您去过多少座图书馆？哪座图书馆对您的吸引力最大？为什么？

汪：不怕您见笑，我在农村长大，大学毕业后就来了东莞。我只去过东莞市区的几个图书馆，去得最多的是东莞图书馆，还有少儿馆、莞城图书馆。我最喜欢去的是东莞图书馆。可以听讲座，可以借书，可以换书，还认识了一群爱读书、爱分享、追求上进、有想法的嘉宾老师和读者朋友。有的还加了微信，平时经常

互相关注和问候。我很喜欢这群朋友。

乔：在图书馆有没有什么美好的记忆？

汪：当然有啦，比如今年暑假小侄子来东莞，必到之处就是市图书馆和少儿图书馆，为什么呢？现代，气派，空间大。符合孩子自由的天性，他们喜欢在书架之间转来转去，找书、选书、翻书、看书……"好动""没耐心"的小朋友都能半天或一整天地在里面翻书、看书，这样的陪伴真是一种美妙的享受啊！多年来，我们都是这样做的。平时我最喜欢见到人就说"去图书馆"。不管是大人还是小孩，熟人还是陌生人，客户还是朋友，都鼓励他们多多去图书馆走走，借书回家看。开卷有益嘛。

乔：您心中的图书馆是什么样的？

汪：我心中的图书馆拥有数量丰富的图书、便捷的查询检索系统、安静舒适的环境、相对独立的空间、长时间的开放制度、优质的服务态度。

现在是信息时代，图书馆也应该与时俱进，如果能提供"主动服务"就再好不过啦。我说的"主动服务"有三层意思：

（1）图书管理员主动担任读者的"读书顾问"。当读者把需求告诉"读书顾问"，读书顾问通过了解读者的需求，给读者推荐两三本书（在几万、几千或几百种可能和读者需要相关的书目里推荐几本）这是对读者的体贴，也是对读者的关怀与尊重，体贴读者从最方便的入口进去摸索一条适宜自己阅读的途径。

（2）主动为"许可推荐的读者"推荐。

（3）要快。跨镇跨区图书馆实现快速借阅。新书采购要快。

最后，希望我们的东莞图书馆成为图书馆界的标杆、样板，让更多人爱上阅读，过上有思想、有追求的美好生活。

乔：谢谢您对东莞图书馆的溢美之词，在这里我可以告诉您，东莞图书馆在馆领导和全体员工的共同努力下，尽心尽力为读者提供一个优良的阅读环境、交流场所，在业界已经是标杆式模板，读者的支持是我们不竭的工作原动力。

期望图书馆公共、开放、丰富

访 谈 者：乔真，东莞图书馆采编部馆员
被访谈者：马龙，00后
访谈时间：2016年11月上旬

乔真（以下简称"乔"）：你好，马龙同学，你勤奋、好学，很开心与你一起聊聊读书。你记得自己是从什么时候开始喜欢读书的吗？有哪些书激发了你的阅读兴趣？

马龙（以下简称"马"）：从很小的时候就开始喜欢读书了，小学二三年级时就开始看一些注音读本。后来，读过一些世界名著。印象最深的是雨果的《悲惨世界》，在不同的年龄共读过三遍，每次的体会各不相同。应该就是这本书促使我开始更广泛地阅读。对我影响最大的是"野生作家"大冰老师的书，特别喜欢。

乔：现在就读的学校有图书馆吗？学生可以自由地利用图书馆吗？

马：有的。校图书馆的书籍非常多，涵盖非常广泛。学生可以抽时间去借阅图书馆的书籍，我的许多同学都比较喜欢那里。不过我因为自己的书还没看完，所以上学期并没有借阅过图书馆的书籍。因此，我对校图书馆的了解不算太多。

乔：你利用过公共图书馆吗？你的体会是什么？

马：听人提起过本地的公共图书馆，不过我还没去过，希望以后有机会能体验一下吧。

乔：在学校里，除了课本之外，你有时间读课外书吗？一般你每周利用多少时间读课外书？

马：高中学业比较繁重，相较以前而言，我的阅读时间明显减少了。现在一般是利用中午午休的时间去阅读，还有周末和假期。算下来，一周的课外阅读时间大概还不到十小时。

乔：同学之间会相互推荐好书、分享好书吗？老师对你们的阅读有指导吗？

马：会啊。我的同学们大都喜欢阅读，相互荐书、借书是常有的事。老师也建议我们适当进行课外阅读，有时也给我们推荐一些书籍。

乔：一般在寒暑假，你会给自己制订读书计划吗？

马：我是没有读书计划的。个人觉得，热爱阅读就无须被计划所限制。假期里我的读书生活比较随意，可以宅在家连着看很长时间的书，也可以玩儿一整天而不去翻书。我读书全凭兴趣。

乔：如果让你充分发挥想象力，去设想一个未来图书馆的样子，它将是怎样的？

马：首先，要足够"公共""开放""丰富"，这三点算是基本要求；其次，应该紧跟时代发展的潮流——智能化，这样大家查找、借阅书籍会更方便。还要面向社会各阶层，提高全民阅读率。

乔：不知你所期望的图书馆智能化服务是什么样的，国内大多数公共图书馆的书目查询已实现了一站式检索，很多图书馆借还书也都使用了借还书机，还有24 小时自助图书馆、ATM 自助图书馆。

阅读书目

《悲惨世界》(上中下)，〔法〕雨果著，李丹、方于译，人民文学出版社，1992 年出版。

但求所需之可查可借

访 谈 者：乔真，东莞图书馆采编部馆员

被访谈者：叶敏，70 后

访谈时间：2017 年 1 月中旬

乔真（以下简称"乔"）：叶老师，您是从事培训工作的，可以谈谈读书对于您的人生观、价值观形成有哪些帮助吗？有哪些书在提升您的价值观方面起到了积极的作用？

叶敏（以下简称"叶"）：小时候由于受父亲的影响，多少也读过一些书，但很惭愧，囫囵吞枣读完之后没多少印象。记忆中的一些碎片或许能够帮助我回答您的问题。

《读者》是父亲必订的杂志，我也常翻。读不懂故事背后深奥的道理，就看情节，看"幽默与漫画"。随着年龄的增长，慢慢地开始喜欢里面很多小文章，也吸收了很多正能量：农家妇人的淳朴，官场人士的清廉，名人的风骨，大家闺秀的优雅，小家碧玉的灵动，国际友人的友善，等等。读得多了，便在心里烙下了印记。

工作后读的书比较杂，林清玄的散文，蔡澜的随笔，稻盛和夫的《活法》，吕艳芝的礼仪书籍，亲子育儿、女性修炼、口才励志方面的图书，等等，每一本书里都有作者对专业的总结和归纳、对人生的理解和感悟，也都会对我产生各种各样的影响。只是现在更加明白，作为一名礼仪培训师，我更需要吸收的是什么。

乔：您经常在图书馆市民空间举办一些活动，您觉得在图书馆举办系列讲座与在其他地方举办此类活动有何不同？

叶：2016 年，我们在图书馆"市民空间"举办了十几期形体礼仪课程，也在"东莞学习中心"举办了系列的礼仪讲座和正面管教讲座。要说举办这些活动的最大不同之处，就在于参与对象的广博性。在民间一些机构或者组织举办类似的活动，我们通常事先都会知道参与对象的群体和人数，讲课的着力点会更加清楚，所以提前准备就充分一些。图书馆的受众多，人群广，参与对象、人数，往往无法预估，

就更加考验讲师本身的知识储备和临场应变的功底。我们在"市民空间"做的十几期课程，有时候人群爆满，为了兼顾每一位听众，就不得不临时调整讲课的方式方法和内容，以便大部分人都能更好地参与互动；偶尔也会有人数不多的情况，我们又需要将授课模式调整为"精品小班制"模式。因为人群的广博性，偶尔也会有出乎我们预料的听众提问，这需要我们灵活应变。所以，图书馆的舞台帮助我们成长。

乔：您的培训课程中有很大一部分是家庭教育方面的，并且有的培训课就是带着家长一起同读一本书，《正面管教》这本书有多少家长从中获益？为什么在众多的家庭教育方面的书籍中唯一选定了这一本？

叶：《正面管教》，我们从书名中就不难看出它是"正面"的、积极的，它主张"不骄纵也不惩罚""温和而坚定"地养育孩子。随着时代的变迁，"棍棒底下出孝子"的时代已经不复存在，各类亲子教育体系和理念涌入中国，我们也曾经迷茫困惑，看了那么多书、参与过那么多的培训，为什么还不知道怎么育儿，面对孩子的挑战依然束手无策，于是吼骂后又惭愧自责。

《正面管教》也被称为"行之有效的正面管教"。之所以"行之有效"，是因为"正面管教"不仅仅是一套家庭教育的体系和理念，它通过角色扮演、体验式活动等可以获得直观感受的方式在那一刻让家长成为孩子去体会、感受孩子的感受，从中领悟到传统育儿方式的弊端；更重要的是，它帮助家长们剖析孩子挑战行为背后的信念，深入了解孩子的内心之后，更给出了五十多种具体可行的工具和方法来引导孩子，启发孩子自我觉醒，帮助孩子习得必要的生活技能和社会技能；这其中，甚至连跟孩子沟通的话术句式都有现成的案例可以套用，所以说它是"行之有效"的，也是被广大家长认可的。

《正面管教》传入中国虽然时间不长，但是因为它的实用性，传播很快。2016年我们开展了几十场讲座、三期的系统课程，并成立了以"正面管教"为基础的"父母互助小组"，坚持每周学习互动。家长们纷纷表示："我发现我自己没有那么焦虑了""儿子从来没有跟我讲过那么多真心话""孩子的情绪平和了很多""我们家庭的氛围融洽得出乎我的意料"，等等。在得到家长们的肯定之后，我们也更加坚定了推广"正面管教"的信心。

全国各地目前已有上千名的"正面管教"讲师，都在尽心尽力地推广和普及"正面管教"体系，因为我们都是"正面管教"的受益人。也希望更多的家长朋友加入"正面管教"的大家庭中，让我们用"好上加好"的正面方式共同育儿。

乔：您怎么看待婴幼儿阅读启蒙教育？您的孩子从几岁开始接触书本？亲近书本的孩子与完全疏离书本的小孩有什么不同？

叶：在人力资源管理中，有时我们会招聘"一张白纸"的新人，因为他们比有经验者更好教育。婴幼儿时期，恰似一个人的"一张白纸"期，家长在这张白纸上涂上什么颜色、画上什么画作都将影响婴幼儿今后的人生。如果我们从早期就对孩子进行阅读启蒙教育，孩子就从小习得了"读书"的好习惯，并会收获随之而来的意想不到的收获。

我有两个孩子，大女儿九岁，小儿子四岁。女儿在周岁内，虽然时断时续但已经开始有意识地给她读一些婴儿读物，真正开始每日阅读是两岁的时候。儿子从我坐完月子后就开始给他读书，而且每天坚持。现在他四岁了，可以很安静地自己读书（看图画，或者复述我曾经给他讲过的儿歌、故事等），就在前天还跟奶奶说："我要多读书才会学到很多知识。"

说到读书的效果，我从我家孩子身上有几点发现：（1）我的两个孩子说话都比较早，基本都是1岁多就开始讲话；（2）女儿情绪不佳的时候、无聊的时候都会通过看书来释放不好的情绪；（3）儿子表达能力明显比同龄人略胜一筹，词汇量、表达方式也常常让我吃惊；（4）读书的孩子会比较善于用语言表达自己的感受，而非仅依赖行为。

在孩子的阅读启蒙中我曾经也走过一些弯路，所以我常常也在反思：婴幼儿阅读启蒙教育，不是简单地陪孩子读书就可以了。作为父母的我们，首先，得养成阅读的习惯，以身作则，用我们的行动影响孩子；其次，我们需要了解什么才是真正的阅读，让孩子背几首儿歌、背会《三字经》，这些都不是真正的阅读；再次，我们需要学会选书，清楚什么样的书才是适合孩子的、能够真正帮助孩子的。婴幼儿阅读启蒙，应是引导孩子真正喜欢上阅读，并在没有大人陪伴的时候会自觉地选书、读书、分享书。

乔：和睦的家庭关系与阅读有关吗？

叶：和睦的家庭对孩子的正向影响是不容置疑的，但是和睦的家庭是否能够帮助孩子建立良好的阅读习惯，这一点值得商榷。关键在于，整个家庭中是否有读书的氛围，父母是否以身作则有意地引导孩子阅读。举个例子来说，潮汕地区民风淳朴，家庭氛围浓厚，兄弟姐妹之间相互扶持的案例不胜枚举，提到做生意，潮汕人是顶呱呱的。但并非每个家庭都有阅读的习惯。反过来，爱读书、会读书的家庭往往会比较融洽，因为读书明目、静心、怡情。

乔：读书对一个女性的仪态美有帮助吗？

叶：著名作家毕淑敏有一段对女性读书的感悟，我特别有同感，也经常在礼仪教学中与大家分享："我喜欢爱读书的女人。书不是胭脂，却会使女人心颜常驻；书不是棍棒，却会使女人铿锵有力；书不是羽毛，却会使女人飞翔；书不是万能的，却会使女人千变万化。不读书的女人，无论她怎样冰雪聪明，只有一世才情，可书中收藏着百代精华。"

人们常说"腹有诗书气自华"，一个人的内在修养常常通过我们的言谈举止、举手投足展示出来。足够充盈的内心，自会引导我们注重自己的外在形象，约束自己的行为，因为，那是内在素质涵养的展现。

乔：您经常到图书馆，您觉得图书馆还需要在哪些方面完善服务才能更好地亲近市民？

叶：我是咱们东莞图书馆的老读者了。咱们新馆建成后没多久我就办理了读书证，我的大女儿学前几乎每个周末都是在一楼儿童馆度过的。咱们图书馆为市民提供了很多资源，各种活动也很丰富，开设了 24 小时自助图书馆后就更加便利了。

若要说完善，我个人觉得如果再多一些贴近市民日常生活的活动，可能会将一部分学历不高、文化素质不高的人群吸引过来，帮助他们丰富业余生活，提高整体的素质。我之前从事咨询管理工作，接触到一些制造类企业的基层员工，特别是一线员工，他们工作之余的生活其实比较单调，如果图书馆能够针对这样的群体开设一些活动，或许能够对东莞整体的市民素质提升有所帮助，毕竟东莞仍然是"世界工厂"，这个群体的基数仍然相当庞大。

乔：您理想中的图书馆是什么样子的？

叶：这个问题之前还真没有考虑过。前几天陪孩子读的一本书里介绍国外有一所学校盖成了猫的形状。我们的图书馆，或许可以根据不同的对象设计成不同的风格。比如，儿童馆可以分区域建成各种有趣的形状；可以设立女性阅读区，只接纳女性读者，并设计成女性喜欢的优雅、温馨、舒适的风格。我也常常看见有些读者并不喜欢坐在椅子或者沙发上看书，是否可以提供一些席地而坐的蒲团、坐垫会更舒服？公共区域阅读时常也会比较嘈杂，可否设计一些私密读书区供读者预约读书？总而言之，我个人对图书馆的要求可以概括如下：但求所需之书可查可借、环境干净整洁怡人、活动亲民有益即可。

阅读书目

1.《读者》，甘肃人民出版社、《读者》杂志社主办，1981 年创刊。

2.《活法》，〔日〕稻盛和夫著，曹岫云译，东方出版社，2012 年出版。

3.《正面管教》，〔美〕简·尼尔森著，玉冰译，北京联合出版公司，2013 年出版。

希望图书馆的管理更加到位

访 谈 者：乔真，东莞图书馆采编部馆员

被访谈者：何英，70后

访谈时间：2017年3月中旬

乔真（以下简称"乔"）：您好！您从事企业管理工作，是吗？

何英（以下简称"何"）：是的。

乔：工作会比较忙吧，平常有时间读书吗？

何：工作确实比较忙，但是读书也是不能少的，最近特别忙，很难做到系统地看一大本一大本的书了，但是，我忙里偷闲都会看一些书。

乔：您自己在读书方面有没有一个大致的规划，主要是读哪方面的书？

何：说起读书，我真的是没有具体的规划，也可以说是比较随意的，把读书当成学习，也可能是消遣，或者说是心灵的慰藉，读书有很多种功能，读的书很广泛，可以说雅俗共赏。与我专业相关的经济类、管理类的书，我一定看，除此之外，文学的、哲学的、心理学的、养生保健的书，还有国学类的书都看。

乔：这样看来，阅读已经是您生活中的一部分了，是吗？

何：对，是生活中不可或缺的一部分。

乔：太好了。您现在工作比较忙，而且生活、工作常常不是在同一个地方，这样的话，您现在还会利用图书馆读书吗？

何：读书让我感觉内心很平静、很丰富，因为每读一本书都像是展开一段旅程，看别人的人生也是品味自己的人生。我的孩子在很小的时候，就会利用书来做障眼法，每次在我对他管教时，他都会拿一本书给我，那时他还不会说话，意思是：你去看书吧！我也经常跟他们讲：书是我们的老师，书是我们的朋友，书是我们生命中非常重要的一部分。

我平常纸质版、电子版的书都会读，自从手机阅读普及后，我也会利用手机阅读，可我还是比较喜欢纸质版的书，拿在手中，有一种质感，感觉有一种与书结缘、与书同在的感觉，会有一种归属感。电子版的书，我常常会利用手机阅读。

现在虽然不能经常去图书馆阅读，但是我会买书回来读，还有就是利用手机读书。

乔：您家的小孩，从小就培养了他的阅读爱好，是吗？

何：是的，我回家的时候有一个节目，就是带他们去我家附近的广州珠江新城图书馆去看书，那个图书馆很新，因为他们现在年纪小，我常常要陪他们阅读，不能各自独立阅读、各得其所，去那里主要是陪他们读少儿图书。

乔：亲子阅读很好，像您经常出差，时不时地有一段亲子阅读的时间，当您的孩子长大以后，会有一个美好的回忆，也能够从小培养他们爱读书的好习惯，也许这就是他们童年中最美好的时光。

何：对，亲子阅读，我还是比较喜欢的，如果我时间紧的话，我会在家里进行。我希望家里没有电视，触手可及的地方都可以拿到书，书的内容是多方面的，各种知识都涵盖，让孩子在其中自己选择，自己培养有兴趣的方向，在阅读的环境中成长。我自己呢，阅读没有明确的方向，什么书都看。

乔：您平常读电子书和纸质书，哪个更多一些？

何：从纸质版到电子版，这种感受就不同了。阅读纸质版的书时，会思考，会用笔记录一些东西；阅读电子版的书时，会比较困难一点，虽然也会用笔写一些东西，但是那种感觉不一样。但是现在科技发展的趋势是电子阅读，手机阅读的便利使人们随时随地都可以阅读，把一些碎片化的时间利用起来了，阅读一些短小的、类似《读者文摘》这一类的文章还是不错的，但是如果系统学习某一方面的知识，利用电子工具阅读，还是需要用笔来记录，需要有一个"反刍"的过程。

乔：我觉得电子书不像纸质书给人思考和想象的空间比较大。

何：我有时候会思考，认为电子版和纸质书有区别，可能是我们与年轻一代人的区别，年轻一代的人，他们与电子书共同生长，或许他们没有感觉纸质书与电子书有何不同，这只是我个人的一种猜测。

乔：我曾经问过一个 90 后的小孩，读电子书与纸质书的区别，他认同我的观点。我个人感觉，纸质书迟早都会退出历史舞台，被电子书取代，这应该是一种发展趋势。

何：我觉得纸质书可能未必会退出历史舞台，可能纸质书会成为一种艺术品，拿在手中，纸质书有一种特殊的质感，闻着书的味道，看着书的颜色、各种排版方式、书中的插图和设计，都有一种冲击和亲切感，它跟电子化的虚拟世界是不同的，它还是有它的内涵的。

乔：是的，读纸质书会有一种文化积淀的厚重的内涵感。您是在 90 年代有一段在英国留学的经历，是吗？您感觉英国的图书馆，与国内的图书馆有什么不同？

何：我是在 2000 年的时候，在英国留学。我感觉，从图书馆的硬件来看，国外与国内的，感受差不多。国内外的读者进了图书馆都会比较安静，尽管中国人平常吵吵嚷嚷的，但是他们进了图书馆也会小声说话。我觉得，英国图书馆在管理图书方面做得比较好，一般在电脑上查到的图书在书架上都能找到，在珠江新城图书馆就经常找不到已经查到的书，这个图书馆在广州算最好的图书馆，硬件非常好，图书也很丰富，我发现他们也有很多志愿者在帮忙，可是还是有很多书是乱放的，很难找，希望国内图书馆在这方面能够加强管理。还有，图书馆的书在管理方面，可能也有一个科学的分类体系，如我找稻盛和夫的书，他的《活法》可能就要到哲学类去找，他写的《六项精进》要到经济管理类去找，他的《经营十二条》又要在财经类中去找。我觉得书根据它的性质编确实有这个必要，但是稻盛和夫的作品有一脉相承的关联性，因为他的哲学思想决定了他的管理理念，他的管理理念又决定了他的会计方面的分法和经营方式，在经营过程中利用会计学的原理和个人的修为，比如他认为要采用六项精进或者是经营十二条，这些是一个完整的体系，可是图书馆的工作人员可能不太理解，把他的资料分散得七零八落的，读者寻找起来十分麻烦，所以我个人认为，可能国内图书馆在编码、索引和文献资源的管理方面还是不太到位。

乔：国内公共图书馆的书都是按照《中国图书馆分类法》进行分编的，像您提及的一个作家或学者的所有作品，有的图书馆采取专题阅览室进行管理，将某一类专题文献资料集中在一个区域内摆放，包括纸媒和多媒体资料，这样方便读者集中利用，您也可以向您经常去的图书馆提出建议。您提及的图书在书目数据库中可以找到，书架上却没有的情况，主要还是图书归架不及时，这主要还是因为图书馆在管理方面存在一些问题。

您很喜欢读书，现在所在的企业有读书会吗？

何：我以前的企业有，现在的企业没有，主要是环境不一样。

乔：那么现在，每天或每周一般利用多少时间来读书，一年大概读多少本书？

何：我很庆幸自己有阅读的习惯，在这个没有阅读氛围的地方还坚持读书，很幸运。今年刚接手了一个项目，非常忙，读的书真的不多，之前读过《摆渡人》和《薄伽梵歌》，还想读一些经济类的书，可是一直没空儿。一年大概读十几本书吧。

乔：您期望的图书馆是怎样的？

何：我期望的图书馆可以分为动态和静态两种。静态的图书馆就是有很好的物质条件做保障，桌椅、板凳、纸质和电子版的图书，随手可以拿到，可以非常便捷地利用资源。动态的图书馆就是希望有一些更加智能的东西，像淘宝一样根据你的喜好推荐书，根据你的借阅习惯，能够更加便捷地使你得到自己所需要的资源，如果有一些更加智能化的东西能够在短时间内帮助我们解决这些问题就非常好。

阅读书目

1.《活法》，〔日〕稻盛和夫著，曹岫云译，东方出版社，2012 年出版。

2.《六项精进》，〔日〕稻盛和夫著，曹岫云译，中信出版社，2011 年出版。

3.《经营十二条》，〔日〕稻盛和夫著，曹岫云译，中信出版社，2011 年出版。

4.《中国图书馆分类法（第五版）》，国家图书馆《中国图书馆分类法》编辑委员会，国家图书馆出版社，2010 年出版。

5.《摆渡人》，〔英〕克莱儿·麦克福尔著，付强译，百花洲文艺出版社，2015 年出版。

留住真正的阅读者

访 谈 者： 乔真，东莞图书馆采编部馆员

被访谈者： 杨叶帆，80 后

访谈时间： 2017 年 7 月中旬

乔真（以下简称"乔"）： 东莞晋升为新一线城市的新闻引发不少关注，但在《东莞：现在起请别叫我二线城市！我是新一线城市！》中，没有提及有多少座图书馆，有多少家书店，你是否感觉这篇报道有失全面？东莞没有一家出版社，印刷厂却有很多，相对于一些历史悠久的大城市，你是否感觉到东莞文化内涵还存在很大的提升空间？

杨叶帆（以下简称"杨"）： 虽然对报道中没有体现图书馆和书店的数量有些遗憾，但并不觉得有失全面。一般的媒体报道都会以读者的关注度为切入点，对一线城市，通常人们会更关注经济、消费等指标。关于文化内涵提升的问题，东莞的确有着可挖掘的潜力和较大的发展空间。2000 年以后东莞大力建设"三城一都"（图书馆之城、博物馆之城、广场文化之城，音乐剧之都），便是努力提升文化内涵的重要措施，力图改变"东莞是文化沙漠"的不良印象。

乔： 你陪孩子一年来几次图书馆？家里有家庭借书证吗？你的孩子也像你一样热爱阅读吗？一年的借阅量是多少？

杨： 2010 年以前去图书馆借书、看书比较多，经常会借一大堆书回家看。但后来因为工作较忙，再加上孩子上学，图书馆人比较多，便去得有些少了。如今看书主要以购买为主，家里目前藏书估计超过千册吧，有专门的书房书柜，休闲区域也都放着简易书架。孩子房间里有三个小书架，孩子的书籍基本都会根据年龄阶段分批购买。孩子今年五年级了，比较热爱阅读，尤其热爱历史读物。阅读是我们日常的一种生活和休闲方式，没有计算过每年的阅读量。

乔： 你是任由孩子自由阅读吗？寒暑假除了完成学校布置的作业之外，你为他制定过阅读书目吗？

杨： 本人中文教育专业毕业，大致了解孩子的阅读范围，从幼儿绘本到现在

的青少年历史文学读物，大致会分阶段购买合适的书籍，但从不限制孩子的自由阅读，也没有规定他必须读什么书。但我会购买我认为适合他看的各种类型的书籍，放在他房间的书架上。

乔：你所读的名著中哪几部是你的至爱？为什么？

杨：因为学的是中文专业，大家熟知的名著基本都曾翻看过，现在很多情节已不记得了。要说最喜欢的，大概是《红楼梦》和马尔克斯的《百年孤独》。《红楼梦》，大家都了解，百科全书式的，从语言到构架，从人物到思想，无一不精，不同的年龄看了有不同的感悟，我一共看了四遍：高中时看宝玉、黛玉的爱情故事；大学时留意诗词语句；刚参加工作时主要看人物和时代；前两年再次重读，尝试理解《红楼梦》的思想内核。有很多感触，以后应该还会再看这部书的。《百年孤独》，我觉得是可以和《红楼梦》进行比较阅读的一部书，对人性的描摹和刻画动人心魄。

乔：现在有声书逐渐被中青年接受，我的印象中，听有声书在上世纪 80 年代几乎是老年人和的士司机的专利，偶尔有一些广播电台的小说连播吸引部分年轻人。我曾经在整理房间时或在看书看不进去的时候，选择听书，听过几部小说，如《夜幕下的哈尔滨》《穆斯林的葬礼》《智取威虎山》等。你今年听了哪些好的有声小说？

杨：从未听过有声小说，觉得太慢了，个人还是比较喜欢阅读文字书籍，甚至连流行的电子书都很难接受，觉得没有拿起纸质书一页页翻阅的那种满足感和厚重感。也看电子书，但通常都是快进式地看网络言情小说，霸道总裁文也看，偷偷地满足一下残存的少女心。

乔：听有声书，犹如听音乐，找到好的作品，可以一边做家务，一边听。现在微信公众号中的好文章不多，对一些微文，我基本是一目十行地扫，对于好的纸本图书却读得很慢。你到图书馆参加过哪些活动？还希望图书馆开展一些什么样的活动？

杨：因为工作较忙，很少参加图书馆的活动，偶尔会去大堂看一看小展览。如果图书馆能组织一些真正的阅读爱好者的沙龙，个人会比较有兴趣一些。

乔：在你选读图书时，《易读》对你有帮助吗？你选书时，通常会参考哪些媒体的推介？

杨：会翻看每期的《易读》，了解一些图书资讯，看看别人对某部作品的感受。自己选择书籍时，通常会参考购书网站上买家的评价，以及一些微信公众号的推荐书目。

乔：你期望的图书馆是怎样的？

杨：留住真正的阅读者，培养有兴趣的阅读者。

阅读书目

1.《红楼梦》，（清）曹雪芹著，人民文学出版社，2008年出版。

2.《百年孤独》，〔哥伦〕加西亚·马尔克斯著，范晔译，南海出版公司，2011年出版。

3.《夜幕下的哈尔滨》，陈玙著，春风文艺出版社，1982年出版。

4.《穆斯林的葬礼》，霍达著，北京十月文艺出版社，1988年出版。

5.《智取威虎山》，上海京剧团《智取威虎山》剧组集体改编，人民出版社，1967年出版。

6.《易读》，东莞图书馆主办，2011年4月23日创刊。

期望《公共图书馆法》衔接各类图书馆提供优质公共文化服务

访 谈 者：乔真，东莞图书馆采编部馆员

被访谈者：陈静远，90 后

访谈时间：2018 年 5 月初

乔真（以下简称"乔"）：静远，记得你上中学时，有一次暑假，我在图书馆南门遇见你和几个同学一起来图书馆，你们是到自习室做暑假作业还是去阅览室看书？中小学时经常来图书馆吗？

陈静远（以下简称"陈"）：做作业。对，早期我经常来这座图书馆。

乔：那些同学还来图书馆吗？

陈：也会来，前一段时间，我有个同学还来办了借书证，本来我也想办一个证，但当时忘了带身份证。

乔：你和同学很久不见了，一起约在图书馆见面，有没有这种情况？

陈：以前有，后来就比较少了，大家喜欢约着一起喝个饮料什么的，但是会约着一起来看书。

乔：你留学回来，我们第一次遇见还是在健身中心的瑜伽房，现在你从瑜伽房到健身中心的器械区做力量训练。在健身过程中除了运动，合理的饮食也能起到相得益彰的作用，在调整运动量和食谱时，你是上网搜索相关资讯还是查阅相关书籍？

陈：在网上找，但是网上的不一定对，到图书馆也不知道在哪里去找这些资料。

乔：你还是希望图书馆能够帮读者把这些需要的资源展示出来。

陈：对，因为健身资讯经常更新，书又比较滞后，这种的话，还是报刊会比较好一点。

乔：报刊阅览室在一楼，你们一般来图书馆是直接上三楼图书阅览室还是偶尔也去看看报刊？

陈：直接上三楼看书，不看报刊。

乔：那么你可以利用东莞图书馆官网的数字资源，如：你需要查找"健康饮食"类的资料，在检索项键入"健康饮食"，选择检索栏上方的"期刊"，检索条件选"全部字段"，排序选"默认排序"，能够搜到相关杂志文章 136018 篇，关键词下 2679 篇，标题下 5295 篇 ①。东莞图书馆期刊数字资源主要链接 CNKI 数据库、维普数据库、超星期刊数据库。CNKI 即中国知网，阅读方式有四种：HTML 阅读、CAJ 阅读器、PDF 格式和手机 App。维普的文献以电子邮件的方式传递给资源利用者，超星期刊下载 PDF 可全文获取。

陈：我希望图书馆的搜索引擎更加强大一点，不仅仅局限于自己本馆的资源，比如说，我想要一本书，图书馆的官网没有，我又很需要，我就想知道它到底在哪里会有，告诉我能在哪里找到这本书，因为都是属于公共服务类的，不应仅局限于自己本馆。

乔：现在这个阶段东莞图书馆能够提供的文献资源有东莞图书馆总分馆馆藏，同时还链接了超星数字图书馆。超星电子书阅读模式有三种：带目录阅读、双页阅读、全屏连页阅读。喜欢读电子书的读者可下载超星阅读器，从中找到更多电子书。

如果你想检索到最新的馆藏资源的话，检索步骤：进入东莞数字图书馆官网，检索有关"健身"类的图书，检索条件设定为："全部字段"，匹配方式为"模糊"，排序为"时间降序"，显示的馆藏书目是 2018 年新入藏的图书排在前列，由近及远，依次排列。

如果东莞图书馆的资源不能满足你的需求时，你还可以登录国家图书馆官网，还是以主题词检索"托尔斯泰"为例，例如：《托尔斯泰夫人日记精选》一书，馆藏信息显示为将二十九个加盟馆的纸本资源依次列出，并且每个成员馆都可以提供文档递送服务。

《公共图书馆法》第四十八条的贯彻执行能够满足你的期望，具体条款内容为：国家支持公共图书馆加强与学校图书馆、科研机构图书馆以及其他类型图书馆的交流与合作，开展联合服务。国家支持学校图书馆、科研机构图书馆以及其他类型图书馆向社会公众开放。目前暂时还达不到学术领域、专业院校、大众阅

---

① 数据检索时间：2018 年 5 月 21 日。

读互通、资源共享，有了《公共图书馆法》做保障，预计 3~5 年内，图书馆有可能能够提供给各类不同需求的读者更丰富的文献资源。

陈：我刚刚离开学校，要查找专业资料写一些论文。

乔：暂时公共图书馆和高校图书馆没有联网，东莞图书馆参考咨询部有部分专业工具书，图书外借阅览室 F 类为经济类图书，电子资源除了超星图书馆提供的电子文本之外，我们馆有很少一部分 Emerald 管理杂志，内含 100 余种管理、农林经济、图书馆情报学等学科的资料，国家图书馆的 Emerald 电子文库有近1000 卷丛书，包含工商管理与经济学 150 余个专题专业领域资源。

乔：你知道《公共图书馆法》颁布和施行的时间吗？

陈：不知道，没注意过。

乔：《公共图书馆法》去年 11 月 4 号颁布，今年 1 月 1 号起施行。

陈：第一次听说有《公共图书馆法》，是管理类的还是属于哪一种？

乔：《公共图书馆法》属非营利法律类，具有两方面法律效能，一方面公共图书馆属于政府公共文化服务体系中的一部分，政府有责任和义务向公民提供免费公益服务；另一方面也保障公民读者合法利用图书馆的权利，公民还可以回馈图书馆。

《公共图书馆法》第六条中国家鼓励公民、法人和其他组织依法向公共图书馆捐赠，并依法给予税收优惠。我个人理解，这一条是感恩条款，政府有责任为公民提供公益服务，公民受益后个人发展到有能力回馈社会时，可以通过图书馆这个公益文化机构回报社会，促进图书馆事业发展、买更多的文献资源、为更多的人服务，以此促进社会良性互动、发展。

境外自然人、法人和其他组织可以依照有关法律、行政法规的规定，通过捐赠方式参与境内公共图书馆建设。

里面还涉及一些公民读者到图书馆这样文明的地方要自我约束和进行个人申诉的条款。

你在美国留学时利用过图书馆中的流媒体吗？

陈：用过。

乔：流媒体主要是大学课堂的视频，既然身在大学内，为什么不直接进入课堂，反而看视频？

    陈：课堂上老师讲的东西比较有限，一般老师也推荐我们看流媒体。

    乔：你通常用手机看，还是在图书馆看这些流媒体？

    陈：在图书馆看方便、好找，有问题可以问图书馆员。

    乔：图书馆能提供给你所要的全部资源吗？图书馆员能解决你提出的所有问题吗？

    陈：对，基本上都能找得到。

    乔：图书馆满足你对文献资源的需求率能达到百分之几？

    陈：约 90%。

    乔：找不到的 10% 资源你怎么解决？

    陈：到外网去找。我们学校没有的资源另外一个学校会有，但是就不方便使用了，因为学校与学校之间有距离。

    乔：这种情况，你怎么办？

    陈：不是特别重要的资料，通常就会放弃，去找相类似的资料。

    乔：为什么不让图书馆采用馆际互借的方式帮助你找到想要的资料？

    陈：这样也要提交申请，要等。

    乔：这 10% 你会去书店找吗？

    陈：不会。

    乔：只利用网络？

    陈：对，网络上东西比较多，书店的东西不太全。

    乔：网络资源一般用哪些网站的资源？维基百科用吗？

    陈：谷歌用得比较多，维基百科用得少一些。

    乔：维基百科的资源是大众提供的，比较杂。

    陈：很多东西都不对，一般我们写文章、做论文时，老师都不建议我们用维基百科的资料。

    乔：你在图书馆找的书，在网上可以找到吗？

    陈：不一定，有一些可以。

    乔：有多少时间看与专业不相关的书？比如生活、文学、艺术类的书。

陈：很少，这些书有买但是很少看。

乔：这类书你会不会到我们公共图书馆来找？

陈：会来的。像这种书，自己不太了解，想大概了解一下，来图书馆比较好，网上太杂。

乔：你来图书馆找书时，是自己已经有书目了还是直接到书架上看？

陈：目的性不强，就直接到书架上看。

乔：没有明确目的，又想了解某一类知识时，在阅览室浏览图书的确是一种好的读书方式，在有限的时间内能够翻阅更多同类的书。今年4月20号《图书馆报》的《海外馆情》专栏登出了美国《图书馆杂志》公布的从2010年开始美食类纸本图书一直持续被众多读者利用，自2017年以来，这类书的利用形态转向电子资源。中国有5000年灿烂文明史，饮食文化极其丰富多样，你留学期间有机会向美籍同学分享自己做的中国菜吗？

陈：有，他们会觉得中国菜比较好吃，美国有很多人都比较喜欢亚洲菜，我所在的俄亥俄州人比较喜欢日系菜的寿司，他们也喜欢中国菜，但是中国菜确实很多很杂，不是都能接受。接受多的还是广东的粤式早茶和四川菜。

乔：在北美粤菜和川菜代表了我们中国菜和饮食文化。

陈：对。这个还要分地区，像纽约的中国菜会比较正宗一些，在一些小地方的中国餐馆菜单上有一些很奇怪的菜名，像左宗棠鸡，其实就是咕噜肉配一点甜酸酱，不那么地道，一点都不好吃，偏美式。那些餐馆又大，菜又便宜。

乔：但是从另一个角度看，中国菜传播的范围扩大了，受众更多了，涉及的面更广了。对那些没来过中国的人来说，那就是中国味道。纽约，因为是大都市，人流密集，各类人都有，有一些人是能够鉴别中国菜味道正不正、食材好不好的，做得正宗就能吸引更多人。因为中国国力的增强，名声更大，一些外国人或者游客会以此了解中国，像你们这些留学生带着怀乡情结也会在那里回味故乡的味道，一些政商人士在中国餐馆聚餐议事，这个餐馆就成了纽约中国饮食文化的地标符号。

你在家时，爸爸妈妈是看纸质书的时间多还是看电子书的时间多？每天用手机阅读的时间大概有多长？

陈：我是比较喜欢纸质版的书，不太喜欢手机阅读，因为本来电子类的东西就对眼睛不好，然后我觉得关于纸质书有一种情怀在那里，毕竟从小都看纸质书，在纸质书上找一些相关的东西比较好找。像看课外书的话，你可能会遇到某一个情节或某一个句子特别有感触，联想到其他内容，会时不时往前翻，纸质书翻起来更加方便一些。我们家会定期去买纸质书，我自己也会。虽然家里也有平板电脑，如果看那种消遣类的可以拿来看一下，说实话，如果是我想通过阅读提升生活乐趣的话，是不会看电子书的。

乔：纸质书也是和爸爸妈妈融洽关系时最好的一种媒介，是吧？

陈：对，我爸到现在都喜欢纸质书，我也是。

乔：家里会在 4 月 23 日世界阅读日这个时间集中买书吗？

陈：不会特定那一天去买书，想买就买。知道有个阅读日，不知道是哪一天。

乔：每年 4 月 23 日。你们不会关注这个读书的节日有哪些活动吗？

陈：不会。

乔：你喜欢的图书馆和你期望的图书馆是什么样的？喜欢的，是指你用过的；期望的，你可以自由地发挥你所有的想象力，现在没有的属于所期愿望的。

陈：我在西雅图的一个书店见过一个很好的荐书平台，它好不是好在多么高科技，而是好在古色古香，他们做了一个书店定期营销推荐和大众点评的图书栏，他们把推荐的书摆在上面，书的下面贴一张纸条，上面可以手写一些推荐这本书的理由和读了这本书的感悟，工作人员和顾客都可以写，会定期更新。在书店收银台旁边有两个大的黑板，上面写一些"本月推荐书""店长推荐书""畅销书"。我也想这里的图书馆有类似这样的推荐，大家在图书馆都会漫无目的地看书，也会想带一本走，这样的话，有推荐会更好一些。

乔：2014 年我们馆曾经做过一个"那十年我们读过的书"的活动，展出读过的书，也设立了一个与读者互动的小平台，形式有点类似，在南门内墙上做了一个图书宣传栏，每册书下都贴了一张不大的纸条，读者可以在上面留言。如果图书馆定期做类似的馆员与读者互动图书推荐栏，你希望我们怎么做？设置在读者进来第一眼就能看见的地方？

陈：一进图书馆大门，因为信息比较多，会抓不准，所以就希望在阅览室每一类图书的书架旁边再做一个小的推荐栏，由馆员和读者一起分享图书。

乔：你的建议很好，我也会反映给图书馆相关业务部门。一些有关新书的推介，《中华读书报》的《书评周刊》有每月一期的图书推荐榜，每期二十本书，都是国内出版的新书，部分图书在当期周刊有书评。

《中国出版传媒商报》中的《中国阅读周报》一年有四季年度影响力图书推荐，每期一百多种，其中文学类二十种、社科类二十种、财经类二十种、童书类二十种（有时多于二十种）、生活科普类二十种、历史类二十种。

《图书馆报》每期的《出版动态》报道新书出版的资讯，《书评园地》专栏的新书书评较多，《精彩阅读》栏目主要选摘书中的小部分内容，推荐阅读。

图书馆应引领大众阅读，平等、开放对待所有资源利用者！

访 谈 者：乔真，东莞图书馆采编部馆员

被访谈者：赖志强，85 后

访谈时间：2018 年 7 月初

乔真（以下简称"乔"）：上个月来你们馆听陈瑞林教授的"谈中国美术的现代转化"讲座时，陈教授说您正在负责一个有关东莞美术史方面的项目，以后可能会经常利用图书馆东莞书屋的文献资源，这个项目已经开始了吗？

赖志强（以下简称"赖"）："东莞艺术史"属于东莞文联的项目，由我和其他几个人共同承担，现在还没有启动，最近一直比较忙，今年准备开始，陈教授主持，具体执笔由我召集几个同行一起做。这件事比较有意义，因为之前一直没有人做过这方面工作。东莞的艺术活动从大众比较熟悉的角度看，晚清开始陆续出了一些优秀的艺术人才，在广东省是一个比较重要的区域，可园的张氏家族、容氏家族、邓氏家族对东莞的文化艺术活动促进很大。我以前去过你们图书馆，转了一圈，感觉藏书太大众化了。

乔：如果您仅从美术专业文献收藏来考量我们的馆藏，一定感觉不能满足您的需求，但是如果您做研究需要查找东莞地方文献方面的资料，我们馆的东莞书屋一定是收集这方面资料最齐全的。美术类书籍方面的话，莞城图书馆是特藏，您去过吗？

赖：莞城图书馆，去过。他们在美术方面的书籍收藏很有眼光，我也经常给他们推荐馆藏，《宋画全集》《明画全集》都有入藏。我以前在岭南画院工作时，东莞都没有《宋画全集》《元画全集》，我们资料室都入藏了。

乔：2006 年我去江西出差时买了《八大山人画册》和《景德镇陶瓷画册》，很少有人看，几年后我想看《八大山人画册》时，在图书馆准备做书墙的书中找到。

赖：所以，图书馆应该引领东莞大众的读书品位而不是迎合市民的一般趣味。图书馆应该收藏历朝历代的经典名著、国外的名著。按照东莞的经济实力，《四库全书》也应该收藏。

乔：嘉兴一个县级市图书馆收藏了《四库全书》的影印本，我们馆没藏，的确，您说得对，按照东莞的经济实力，东莞图书馆应该有一套大型类藏书。

赖：就是嘛，一般人都认为东莞是一个以制造业为主的工业城市，如果到你们图书馆看到有《四库全书》，就会对东莞刮目相看了。

乔：《高等教育研究》1997年第2期刊登了沈致隆的《哈佛大学〈零点项目〉的启示》，其中谈到：1957年11月苏联发射成功第一颗卫星，八十三天后美国也成功发射了一颗人造卫星升空。但是美国政府各界对此却耿耿于怀，他们开始查找落后的原因。十年后，一些教育家提出：美国的科学教育是先进的，但艺术教育落后。《零点项目》的研究者认为艺术思维也要靠逻辑，他们认为形象思维和逻辑思维可以互相弥补、互相促进，这两种思维方式都是人类重要的思维方式。美、苏两国科技人员不同的文化艺术素质也决定了美国空间技术的相对落后。1994年克林顿政府提出《2000年目标：美国教育法》，在美国历史上第一次将艺术与数学、历史、语言、自然科学并列为基础教育核心学科，作为一名艺术史专业研究人员，您认为，一个人从小接受艺术教育对未来的发展有哪些益处？

赖：我们看西方美术史的发展，19世纪中期到20世纪初，西方的艺术中心是以巴黎为中心的，20世纪初开始转移到了纽约，整个20世纪纽约都是现代艺术的中心，超现实主义的达利，抽象表现主义的波洛克，以及波普艺术，这些都是在美国诞生的，大地艺术也是在美国，现实中美国掌握了20世纪西方艺术的话语权。我没看过哈佛大学加德纳教授的著作，也不知道《零点项目》研究文本，不能下一个结论。我觉得美国还比较谦虚。苏联和美国两个国家体制不同，一个是一个举国制度，它可以集中全国资源做一件政府认为很重要的事，一个是民主制国家，政府的权力有限，这个是一个很重要的因素。

艺术教育对培养一个人的审美真的很重要，我现在接触一些收藏家，他们有很雄厚的财富积累，但是对艺术作品的鉴赏能力却很弱，常常花很大的价钱买一些没什么艺术价值的行货。所以要成为一位艺术品鉴赏的收藏家，专业的艺术培训是非常必要的。对一般人来说，艺术审美眼光也有一个逐渐提高的过程，这个跟我们这些年来的艺术教育有关，也跟社会的开放度有关，人们随着各种交流、展览的增多，审美也在逐渐提高。现在看窗外的建筑，就能够看到视觉审美随着年代的不同在不断变化，从建筑外观的整体线条、色彩、建筑材料的运用和搭配都可以看到审美在不断提高。我们国家对于艺术教育的普及还是比较重视，从小学开始就开设了音乐、美术课，只是高中阶段，学生的全部精力都集中在了高考上，美术课对于普通高校的考生就形同虚设了。

乔：中国雕塑艺术相对于西方是不是比较弱？

赖：民国时期就已经兴起现代雕塑了，古代秦始皇时期的兵马俑雕塑很写实，艺术水平也非常发达。近现代以来很多广东的艺术家都去欧洲学习现代雕塑艺术，比如人民英雄纪念碑的雕塑家刘开渠，中央美院的教授都去欧洲学习过。新中国成立后，我们走了一条社会主义现实主义的艺术道路，代表作有人民英雄纪念碑、毛主席纪念堂这些作品，走的是典型人物、典型特征这样一条艺术创作路线。

乔：《塑造美术史的十六书》评论了美术史上最有影响力的十六本书，有评论认为这本书为读者展示了一幅阅读艺术史的路线图，您对这本书怎么看？

赖：这本书我没看过。如果要了解美术史的话，芝加哥大学有一名教授——巫鸿，现在在国内很活跃，在华人中影响很大，他以前在故宫博物院工作，后来去哈佛留学，之后留在美国，在哈佛教过书，现在在芝加哥大学任教。他写过一本小册子《美术史十议》，连载在《读书》杂志上，后来"三联"汇集了这十讲出版了很薄的一本书，他的这本书无论是从美术史专业角度还是普通观众个人兴趣培养来看，都可以作为美术史方面的入门书。我们的美术史是人文学科比较晚兴起的一门学科，是人文学科的一个分支。从民国时期就有这个词出现，但是直到新中国成立后中央美院才建立了第一个美术史系，后来才逐渐发展到国内各大美院都设立了美术史系。在国外，美术史是在综合性大学的历史系或人类学系，我们国内是受苏联的影响将其放在美术院校，这样一来，美术史学家与美术的关系更紧密一些，但是美术史毕竟是历史的一部分，美术史学科规范就难以建立，如果美术史隶属于综合性大学的历史系、人类学系或者是考古学系，更容易建立这个学科的规范。

乔：中国的美术史起步也比较晚，您怎么看藤固在中国美术史的地位？

赖：藤固是中国美术史研究的一个先驱。他是中国最早引入欧洲风格学来研究美术史的一个大家，他的《中国美术小史·唐宋绘画史》影响很大，这个人很有意思，很爱钻研。他是我们美术史学科的老前辈。

乔：还有一个对美术方面比较有研究的人，王震，不知您有没有关注过这个人。

赖：他对徐悲鸿的研究比较深入。

乔：对，有关徐悲鸿的研究，他写了五百多万字，十六本书，他的《徐悲鸿文集》被徐悲鸿的长子徐伯阳称赞：体现了徐悲鸿的整个艺术观。

赖：徐悲鸿是 20 世纪很热门的一个研究对象，他在世时发表的文章也很多，王震的书出版在八九十年代数据库不发达的时期，那个时候搜集这些资料是一个很难的过程，现在电子资源多了，相对来说便利很多，去年广东美术百年大展时我也参与了《广东百年美术文集》的编纂，出版了上、下两册，现在我们编书搜集资料比以前容易了很多。我经常利用中山大学图书馆、省立中山图书馆、广州市图书馆的数据库资料，我现在有国家图书馆、上海图书馆、南京图书馆的借书证，做课题时经常需要利用各地的图书馆资源。我现在做的这个课题是"抗战木刻研究文选"，所有在抗战时期有过木刻的主要城市，我们都要去实地考察并利用当地的图书馆、档案馆资料，下半年就要去上海、杭州、武汉、重庆、成都、桂林、延安、北京、沈阳。上海图书馆，我也在那里待过一段时间，肯下功夫在浩如烟海的史料里扒出资料的那个人真的是很了不起，我们现在看到的资料常常是根据他们提供的线索再去查阅，现在我也做一些研究，很敬佩这些前辈。

乔：有记者问王震先生看得最多的一本书是哪一本，王震先生说是《蒋碧微回忆录》。他看这本书的目的就是纠错。

赖：对啊，人的私人感情、记忆是有差错的。他的研究学风很严谨，很勤奋，肯下功夫去搜集第一手资料。我们做研究就有点儿像当法官，我们要把一些大众不知道的东西和事情去还原真相，历史研究最重要的就是要还原到当时的历史情境中去。现在有些人利用的都是二手资料，而不是下功夫查找第一手资料。

乔：您用了这么多图书馆，哪座图书馆能够最大化地满足您的文献需求？

赖：中山大学图书馆比较满意，利用得比较多，像南京图书馆、上海图书馆、四川省图书馆都是短暂利用，不能全面了解。中大图书馆的特藏库有一些老报纸，可以现场直接翻看，还有一些影印的文献中大图书馆也成套买回来，收集很全，基本上都能找到我想找的资料。以前去中大图书馆查资料，去了随时可以办临时借阅证，现在中大图书馆办临时借阅证还需要单位开介绍信并且只在周一至周五工作时间办理，这对我来说很不方便，我通常周末才有空去广州查资料。国家图书馆的电子资源不能远程利用，很不方便。

乔：您利用过这么多图书馆，您认为，美好的图书馆应该是什么样的？

赖：美好的图书馆首先是馆藏丰富兼顾各种类型的需求；其次，图书馆应该建立引领读者阅读的观念而不是迎合一般大众的阅读需求；最后，图书馆应该有一个包容开放的态度，所有珍贵馆藏都可以被读者利用，所有人都可以进入图书馆的大门。

阅读书目

1.《宋画全集》，宋画全集编辑委员会，浙江大学出版社，2008 年出版。

2.《明画全集》，明画全集编辑委员会，浙江大学出版社，2018 年出版。

3.《元画全集》，元画全集编辑委员会，浙江大学出版社，2013 年出版。

4.《塑造美术史的十六书》，〔美〕理查德·肖恩、约翰－保罗·斯托纳德主编，万爽、吴剑、郭亮译，广西美术出版社，2016 年出版。

5.《美术史十议》，巫鸿著，生活·读书·新知生活书店，2008 年出版。

6.《读书》，2006—2007 年，巫鸿为《读书》杂志《美术纵横》专栏撰写的十篇文章，合集为《美术史十议》。

7.《中国美术小史·唐宋绘画史》，滕固著，吉林出版集团有限责任公司，2010 年出版。

8.《徐悲鸿文集》，王震编，上海画报出版社，2005 年出版。

9.《广东百年美术文集》，"广东美术百年"书系编委会编，岭南美术出版社，2017 年出版。

10.《蒋碧微回忆录》，蒋碧微著，华东师范大学出版社，2015 年出版。

亲子启蒙读

从小培养孩子读书、爱书

访 谈 者：乔真，东莞图书馆采编部馆员

被访谈者：萧映琴，80 后

访谈时间：2016 年 1 月初

乔真（以下简称"乔"）：你是复旦大学法学院的高才生，又有留美的求学经历，你怎么评价图书馆对你的学业的帮助？

萧映琴（以下简称"萧"）：读书期间，图书馆是去得最多的地方。

乔：美国的图书馆服务与中国的图书馆服务相比较，有什么不同？

萧：美国图书馆的馆员可根据读者的要求，在读者不知道具体书名时，能够较快地找到或推荐要读的书，这一点，我们的图书馆馆员目前似乎还没有那么专业。

乔：你更易于接受哪个图书馆？

萧：东莞图书馆现在的藏书和环境都很好，我很喜欢。

乔：在培养宝贝女儿时，会陪伴她读书吗？

萧：我女儿现在十四个月，她喜欢翻看卡片书或图片书。现在多是带孩子去图书馆看儿童书。

乔：有没有计划带女儿到东莞图书馆少儿部享受阅读？去没去过玩具图书馆？

萧：我们有时带她去东莞图书馆少儿部看书，那里书很多很好！玩具部也很好。

乔：繁忙的工作、生活之余，你还能够得空读书吗？

萧：我很喜欢看书，但是上班之余，回到家要带小孩，还要做家务，看书的时间很少，每周尽量安排几次安静的时间看书。现在工作需要用书时，大多在网上购买，去图书馆不多。

阅读书目

1.《小狗来看家》,〔日〕山本佑司文图，小汇译，连环画出版社，2013年出版。

2.《叽叽叽，小鸡跑了》,〔日〕安西水丸、平野刚著，丁虹译，新星出版社，2014年出版。

天天都是阅读日

访谈者：乔真，东莞图书馆采编部馆员

被访谈者：林清荣，80 后

访谈时间：2016 年 4 月底至 6 月初

乔真（以下简称"乔"）：小林老师好！我翻看了您 2016 年 1 月到 4 月的微信朋友圈发布信息，四个月内共有九个晚上是您与儿子共读的时间。您的亲子同读时间是有意识地选好书带他阅读还是由儿子自己选书？这九个晚上你们从阅读中得到了什么？可以分享给爱读书的家庭吗？

林清荣（以下简称"林"）：我现在主要是培养孩子的读书兴趣和习惯。我会根据他的喜好去选择相关书籍，如：安徽少年儿童出版社出版，英国曼迪·阿切尔著的《忙碌的车轮子》；中国人口出版社出版，苏西著的《男子汉安迪》。同时也会添加一些有关生活常识的书籍，如北京联合出版公司出版，幼儿馆早教研发中心编著的《幼儿安全故事书》等图书，希望孩子能够从小养成好读书、读好书的习惯。

乔：今年 2 月到 4 月有两次晨读，我特别关注了 4 月 22 日的晨读是从早上 6：47 开始一直持续到上午 9 点多钟，您的孩子是幼儿园的小朋友，他的阅读注意力能够保持这么长时间吗？4 月 23 日是世界阅读日，您是不是为了让小孩子从小就知道这个世界读书人的节日，所以在这个节日的前后几天您家的宝宝比平时用了更多的时间读书？

林：能够长时间专注看书跟孩子的性格有关，我的小孩比较文静，加上他爱翻书，他能从书中得到快乐，所以他乐于阅读。有时孩子会边看书边哈哈笑，很快乐的样子。至于阅读日，在我看来，每天都是阅读日。

乔：3 月到 4 月，有两个周末的下午您家的小朋友在读书，您有没有计划一年陪儿子读多少本书？有哪些书是您认为在他这个年龄段应该读的？

林：我现在主要的任务是培养他看书的兴趣，至于数量，不是我的目标，孩子喜欢看的书他会反复阅读。当他的识字量达到了一定程度时，他的阅读速度自

然会提高，数量也会同时增加。我觉得幼儿园的小朋友应该懂得一些基本的生活常识、自身安全保护知识、文明礼貌规范。一些有关德育方面的书籍也值得读。

乔：您家的小朋友读书形式活泼可爱，晨读时带着玩具猴一起读，晚上，爸爸泡茶一起读，小朋友会问您有关茶与书之间的问题吗？您是怎么回答的？您觉得，中国的茶文化对读书有什么好的作用？

林：他会问我有关茶的问题。如："这是什么茶？"我会告诉他各种各样的茶和茶具的名称。如普洱、绿茶、红茶，茶杯、茶漏、茶壶，等等。他现在年龄太小，中国的茶文化很渊博，只能让他以后慢慢去不断学习和体会。

乔：每年 4 月 2 日是国际儿童图书日，这个时间刚好与中国的传统节日清明节相近，广东人非常重视清明祭祖，这个时间是不是没有时间陪孩子阅读？

林：孩子的阅读习惯是早上和晚上看书，现在他可以自己阅读了，有时间他就自己看书，想看就看，我只是提供书籍和阅读的环境给他。

当过传统节日时，我会告诉他这是什么节日，有什么样的习俗。如中秋节吃月饼，端午节赛龙舟、包粽子，元宵节吃汤圆，等等，现在幼儿园的教材中也有这些传统节日的介绍。

乔：您经常带小孩到图书馆吗？一般是到离家最近的图书馆还是到图书比较多的图书馆？到图书馆是以借书为主吗？有没有参加图书馆举办的一些幼儿活动或者听一些有关少儿阅读的讲座？

林：我和小孩约定，如果没有特殊的情况，星期天早上陪他去市图书馆看书。现在，我们到图书馆都是以看书为主，很少参加活动和讲座，下一阶段准备借书回家看。

阅读书目

1.《忙碌的车轮子》，〔英〕曼迪·阿切尔著，〔英〕玛莎·莱特福特绘，杨晓乐译，安徽少年儿童出版社，2015 年出版。

2.《男子汉安迪》，苏西著，中国人口出版社，2015 年出版。

3.《幼儿安全故事书》，幼儿馆早教研发中心编，北京联合出版公司，2014年出版。

与孩子一起享受阅读时光

访 谈 者：乔真，东莞图书馆采编部馆员

被访谈者：李冰珂，60后

访谈时间：2016年8月初

乔真（以下简称"乔"）：冰珂，好久不见，谢谢你愿意接受这个访谈。你第一次利用图书馆阅读是在什么时候？那时的图书馆与现在你带小孩常光顾的图书馆有什么不同？你本人和孩子喜欢在图书馆阅读吗？通常多长时间到图书馆一次？

李冰珂（以下简称"李"）：我第一次去图书馆是初中，和爸爸一起去的云南省图书馆。在此之前，我常常路过省图，高高的围墙里耸立着当时看起来非常巨大的苏式建筑群，壮观静谧，但深深吸引我的却是它丰富的藏书！图书馆里整洁有序，一切都是人工操作，做一名图书馆管理员是我曾经的理想。虽然这个理想像我众多理想一样并没有实现，但那时候的图书馆里的一切却成为我儿时美好的回忆。

如今的图书馆，对于我的孩子们来说更像一个朋友、一座乐园，没有围墙，还有各种画展讲座，充满多元文化，丰富多彩。这是一个美好的时代！

我们大概会每个周六去一次图书馆，享受一个下午的阅读时光。

乔：我记得你曾经有时和母亲一起谈读同一本书的感想，母亲为你推荐过哪些好书？这些书你会推介给你的女儿吗？为什么？

李：我妈妈是一个非常感性的女人。她给我推荐的书大多是外国文学，比如，小时候是《草原小屋》系列、《雾都孤儿》等，大一些时有《飘》《简·爱》《包法利夫人》，大仲马的作品，等等。这些书我会推荐给她的，但是我不会只局限于外国文学，我姐姐曾开玩笑抱怨：小时候看外国小说看多了，看得都不懂中国的人情世故了，在中国工作生活就应该必须熟读中国的书，才知道中国人的人性。虽然是玩笑，但是我觉得很有道理，所以我会多推荐些历史类、科学类等各种不同类型的中外书籍给她，扩大眼界。

乔：你的孩子几岁开始阅读？你在阅读启蒙方面为她做了什么？阅读对她的成长起到了哪些作用？你的小孩课外阅读多吗？

李：在学习认字的时候就开始阅读了。因为刚才说的原因，我尽量在她还没有形成固定的阅读爱好之前，让她多接触各种书籍、各种知识，这个作用非常明显，现在她看书比较杂，比较多。

乔：你现在每年大概读多少本书？有阅读计划吗？

李：很惭愧，没什么阅读计划。我现在读书也少了。

乔：在你的家中阅读是不是全属于个人行为，家庭成员各自选喜欢或需要读的书？有没有同读一本书的经历？

李：大部分时间是。共读一本书的经历有，我很喜欢全家围坐一起讨论一本书、一个情节、一个观点，或者进行角色扮演，这种感觉让我感到很幸福，很温暖。

乔：你喜欢的图书馆是什么样的？

李：小时候我喜欢图书馆的原因是因为它的静谧、它的神秘，它有可能会给我一把解密的钥匙。而在更趋开放的今天，我喜欢的图书馆是有着容纳百川的气势、百家争鸣的氛围，是每一个人了解中国、了解世界的思想通道。

谢谢你，勾起了我童年时的美好片段。

阅读书目

1.《草原小屋》，〔美〕劳拉·英格尔斯·怀尔德著，出版社：不详，出版时间：不详。

2.《雾都孤儿》，〔英〕狄更斯著，延边大学出版社，1970年出版。

3.《飘》，〔美〕玛格丽特·米切尔著，浙江人民出版社，1980年出版。

4.《简·爱》，〔英〕夏洛蒂·勃朗特著，祝庆英译，上海译文出版社，1980年出版。

5.《包法利夫人》，〔法〕福楼拜著，李健吾译，人民文学出版社，1984年出版。

阅读，是生活和工作的一部分

访 谈 者： 乔真，东莞图书馆采编部馆员

被访谈者： 李娜，80 后

访谈时间： 2017 年 3 月中旬

乔真（以下简称"乔"）： 你的小孩从多大开始接触书本的？我看你的朋友圈，她好像六个月的时候已经有自己的礼物——图画书啦！东莞图书馆曾经在 2013 年发送了 2000 个 0 岁儿童阅读大礼包，你知道这件事吗？

李娜（以下简称"李"）： 正如你看到的朋友圈，我女儿真正意义上的第一本书籍，就是姨妈送给她的礼物"小宝宝翻翻书"系列。这套书有四本，她都很喜欢，每天都会翻着看。对于您提及的 2013 年的赠书活动我是不知情的，如果知道图书馆有这么好的活动，我肯定会去申请的。如果早点认识您就好了，我就不会错失这么好的机会。

乔： 现在你的女儿已经两岁多了，你们带她来过图书馆吗？她喜欢书吗？

李： 我每次去图书馆，她都会陪着我去，但我带她进去的次数不多。她还在学走路，看到很多的书籍很好奇，总想扑过去摸。有次我去借书的时候，她也随我一起进去了，我借书的那层没有适合她年龄的书籍，还有就是她年纪太小了，自控能力不强，我担心她会吵到其他正在安静看书的人，就很快把她带出来了。上次从您那儿了解到儿童阅读区，我就跟我老公商量着带她去体验，因为她非常喜欢看绘本。

乔： 现在居住的区域既没有图书馆，也没有书店，你感觉如何？

李： 没有固然是种遗憾，但我的感受是喜欢读书的人自会找到解决方法。我读书的渠道就是加入网上的读书俱乐部，每月去图书馆选几本书，定期在网上购买一些喜欢的书籍。

乔： 你对书的美好记忆有哪些？书给了你什么？

李： 小时候经常借阅邻居家的武侠小说，心中一直藏着一个仗剑走天涯的梦。因为是借阅，所以读得特别快，要赶紧读完还给人家，这对我有利有弊。利是我的阅读速度被锻炼出来了，弊就是很容易囫囵吞枣。读初中和高中的时候，我特别喜

欢去姨妈家，因为她家有一个书房，满满一墙壁都是各种各样的书籍。我每次去她家都喜欢待在里面看书，晚上睡觉前也要挑两本，看完才肯睡觉。书的内容基本上遗忘得差不多了，只记得那份阅读时平静的美好。而现在，读书对于我而言就充满了功利性，多是为了更好地完成工作，但我乐得享受这份压力与收获，很充实。

乔：做培训师，总是要不断汲取新知识，你通常每周利用多少时间进行阅读？

李：我没有具体统计过这个时间。对于我来说，在进行备课的时候有时需要一天三本，有的时候一周一本，也有比较生涩的专业书，啃了一年还是啃不下来。企业内部培训涉及各个方面，你会发现自己还有很多东西需要学习，所以需要不断阅读各类书籍。随着这些年阅读量的提升，我发现很多课程的理念和做法都是相通的。对于我来说，除了持续阅读之外，也需要对自己阅读过的书籍和知识做一些总结，形成自己的知识体系、认知和想法。

乔：在你工作区域的周边，图书馆多吗？你通常利用哪些图书馆？

李：不是很多，公司有一个图书馆，工作的镇街有一个图书馆，而我最常去的就是东莞图书馆。工作以后，工具类书籍阅读得比较多，还有一些管理类书籍。除工作需要的储备外，我对运动健身、艺术、美学还有哲学类书籍挺感兴趣，但目前涉猎的并不多。

乔：家人会一起读书吗？

李：会有一些温馨的睡前阅读或醒来之后的片刻阅读。我和老公各有分工，我负责女儿英语部分的教育，我老公负责古诗词熏陶。

乔：你喜欢的图书馆是什么样的？

李：第一个标准就是书籍本身，数量丰富，品种齐全，每次搜索都有惊喜。第二是有干净而舒适的环境，而且大家都能自觉爱护和维护这个环境。第三就是能与现代科技完美相融。举个例子：用户来到图书馆之后，将关键词输入，就能搜索到相应书籍的纸质版或电子版。如果用户选择电子版，可以下载到 Kindle、手机或其他的阅读载体；如果用户选择阅读纸质版，书库能非常智能地将该书放到对应的窗口。

阅读书目

《小宝宝翻翻书》，〔英〕马梭·普莱斯文，〔英〕摩意拉·肯波图，信谊编辑部译，明天出版社，2013 年出版。

书天堂

访 谈 者：乔真，东莞图书馆采编部馆员

被访谈者：王艳君，80 后

访谈时间：2017 年 8 月

乔真（以下简称"乔"）：艳君，你读电子书多还是纸质书多？你在选择什么书适宜看电子版、什么书适宜看纸质版时有标准吗？

王艳君（以下简称"王"）：我来说差不多吧。关于电子书和纸质书的选择，我基本上是不分，有什么看什么，有个时间段的问题。以前是在移动的状态下，如上下班路上、外出时看电子书多，毕竟携带方便，其他时候还是读纸质书多。后来我有了一台 Kindle，基本都在看电子书了，除非找不到电子书，我才去费神借书或买书。毕竟现在电子读物获取太方便了，想看哪本，直接下载或推送。

乔：你在图书馆少儿部工作了多年，在你看来：一个从童年就开始培养阅读习惯的小孩与不读书的孩子有什么不同？你女儿多大开始接触书本？

王：在图书馆少儿部工作了九年，从某方面说，可以算是陪着很多读书的小孩成长了九年，这方面的感触还挺深，加上我本身喜欢和人交流，和很多家长在这方面有过沟通。一个小孩读不读书，他的世界是不一样的：首先是通过读书，孩子多了一条理解这个世界的通道，口传身授当然好，但是每个人都有自己的特点和局限性，知识是无限的，你不可能告诉孩子所有的事，读书就是慢慢地告诉他，还有其他很多方式去了解不同的事、不同的观点。其次就是对性格有潜移默化的影响，一个爱看书的孩子，很少有"没耐性、无法集中注意力"这样的问题，因为沉浸在一本喜爱的书中，能够养成坚持的习惯。再次就是理解力和表达力一定会胜于不读书的孩子，读书让他的眼界变宽了，在表达个人见解时，很多潜移默化的东西自然而然就用上了。

我女儿从五六个月大时开始接触图画书，可能因为受父母的影响吧。但从生理学的角度来讲，人的眼睛在一岁左右才能长好，五六个月的时候只能看到模糊的图形。我那时自己看书，她就在我旁边咿咿呀呀似有所语，于是我就找了一些黑白、彩色的图册给她看。当时她很喜欢幾米的《月亮忘记了》，因为有一个橙黄色的月亮到处滚来滚去，她的眼睛也会追着看，很有意思。

乔：你平常读书有计划吗？比如：一年读多少本书？哪个季度读哪方面的书？还是信手拈来，想读什么就读什么？

王：平时读书没什么计划，也没选择标准，完全是兴之所至。不过总体来说，小说、传记、记述世界各地民俗风情的书，还有心理学方面的书，我最喜欢。有时也会关注一下流行文学，有些"烂书"也拿来看看，以了解一下作者心理和读者心理，分析分析也是蛮有意思。

乔：平常选书会参考哪些途径？微博、微信、网站图书排行榜、报刊图书推荐、新闻？

王：对，这些都会看一下，尤其是各种网站的图书排行榜，我会认真读一下。亚马逊和豆瓣，以及国内比较牛的几个图书馆的排行榜是我经常要看的，比如国家图书馆、杭州图书馆、上海图书馆。

乔：你考了心理咨询师的初级证书，那么你关注过图书馆阅读治疗吗？

王：阅读治疗听说过也很赞同，不知道加上"图书馆"是不是就更强调了场所的作用。其实阅读一向是可以治疗疾病的，这在生物学上是有根据的。

乔：你设想的图书馆是怎样的？

王：我心中的图书馆，就是东莞图书馆的模样。我们身在此山中，当然总是以图书馆为中心来讨论这个问题。其实我常常喜欢换位思考，那就是：读者想要的是怎样的一个图书馆？很多时候，一些以前图书馆的常客后来不来了，我都会了解一下是什么让读者得不到满足。我们通常想的都是文献存量、服务品质等很"重要"的问题，其实问题不一定是我们猜想的那样。举个例子来说，"儿童天地"人流量减少了，我们都觉得和书少了、书旧了有很大的关系，但是实际上有好几个父母告诉我，他们不再来的原因是"空气太差了"。因此我设想的图书馆，应该是在东莞图书馆目前已经做得很好的基础上，再人性化一些，专业名词叫"个性化服务"，更关注需求方，提升读者的体验。

乔：你说得很好。的确，读者是千变万化的，图书馆的场所是固定的，资源从某种意义上说也是相对固定的。图书馆需要做的事情和必要的业务，永远伴随着读者需求的变化而变化。

阅读书目

《月亮忘记了》，幾米著，海豚出版社，2011年出版。

美好的图书馆藏书无须最多

访 谈 者：乔真，东莞图书馆采编部馆员
被访谈者：叶暖强，80 后
访谈时间：2017 年 8 月下旬

乔真（以下简称"乔"）：叶先生，你好！你是什么时候成为图书馆的读者的？你是怎样走进图书馆的？在图书馆有哪些愉快的经历和美好时光？

叶暖强（以下简称"叶"）：我是读高一时成为图书馆的读者的，大概是1997 年吧。当时为了看《苏菲的世界》，在东莞市大朗镇图书馆办了借书证。愉快的经历是最近几年每两周带女儿逛一次图书馆，让她也成为忠实的图书馆读者，同时养成爱阅读的好习惯。

乔：在你利用图书馆的过程中，图书馆馆员起到了什么作用？他们对你的阅读帮助大吗？你印象最深的图书馆馆员是哪一位？他的哪些服务令你感到非常满意？

叶：图书馆馆员起到指导和辅助找书的作用。在我写本科毕业论文时，大学的图书馆馆员对我的阅读起到非常大的作用。我印象最深的图书馆馆员是大学时的图书馆馆员程老师。她帮我找到最需要的几篇参考文献，令我感到非常满意。

乔：你用借书证每次在图书馆借多少本书？家中每个人的阅读都兼顾吗？东莞市及周边城市的图书馆和书店你经常去哪一家？常去的图书馆或书店，是什么吸引着你一次又一次光顾？

叶：我一共有三个借书证，东莞图书馆和东莞松山湖图书馆的证一次最多可借十五本，所以一般每次在图书馆借三十本书左右。十五本是给儿子看的故事绘本，七本是给女儿阅读的课外经典读物，八本人文类书籍。我经常去的是松山湖图书馆，那里各类书籍比较齐全，读书环境幽雅，而且交通便利。

乔：你利用过 24 小时自助图书馆吗？你觉得自助图书馆与人工服务的图书馆有什么不同？你在哪家图书馆获取的图书资源更多、更满意？

叶：用过 24 小时自助图书馆，自助借还机功能非常方便，若是东莞图书馆

的借书证能在松山湖的自助借还机上识别就更好了。自助图书馆比较便捷，基本不用排队，比人工服务更加方便。我在松山湖图书馆获取的图书资源更满意。

乔：以前松山湖图书馆没有加入东莞图书馆总分馆体系，2016年松山湖分馆的文献资源数据纳入东莞图书馆总分馆集群管理体系，现在你在东莞图书馆借的书已经可以在松山湖分馆自助借还机归还。

你经常带孩子旅游吗？在旅行途中会去书店或图书馆吗？北京的皮卡书屋你知道吗？如果去北京旅游，除了去一些名胜古迹之外，会不会带孩子去国家图书馆看半天书？或者在居住的酒店附近寻找书店或图书馆消磨一段时间？

叶：不久前刚带女儿去了新疆伊犁地区自助游，小孩记忆犹新的是在那拉提大草原和哈萨克族的朋友一起骑马。旅途中，一般在机场会去书店逛逛，上次刚去过北京的托马斯中英文绘本图书馆和安妮花绘本图书馆。如果去北京旅游，会带小孩去国家图书馆或者国家博物馆。平常有空也会去广州或深圳的各大书店消磨时间。

乔：东莞少年儿童图书馆的英语游戏活动，你的小孩参加过吗？寒暑假和六一，东莞图书馆少儿部也有很多激发孩子阅读兴趣的活动，你的孩子会主动要求参与吗？

叶：参加过一次东莞少年儿童图书馆的活动。一般参加松山湖图书馆举办的周末活动，如读书比赛、绘本故事阅读等。

乔：你和孩子各自想象的美好的图书馆是怎样的？

叶：美好的图书馆藏书无须最多，但必须本本都是经典，经得起时间考验的书籍才是人类的好朋友。

阅读书目

《苏菲的世界》，〔挪〕乔斯坦·贾德著，萧宝森译，作家出版社，1996年出版。

随手取书，让孩子爱上阅读！

访 谈 者：乔真，东莞图书馆采编部馆员

被访谈者：陈蕾，80后；徐佩辰，陈蕾女儿，8岁

访谈时间：2017年8月中旬

乔真（以下简称"乔"）：你好，陈蕾，近三年你借了458本书，其中大约80%都是为你的孩子借的，在你的家中有专属于孩子的阅读空间吗？家居环境的布置是否特意考量过让阅读更便利？

陈蕾（以下简称"陈"）：我家的阅读者主要是我8岁的女儿，她叫徐佩辰，就读于松山湖中心小学。我们是普通的打工族家庭，在辰辰婴幼儿时期我们是租房子住，那时辰辰就识不少字，当时我们准备了两面墙：一面是光荣墙，上面记录了辰辰从小每一个成长进步。另一面是诗词墙，时不时地写上一首诗词，读给孩子听。那时的家具、家电上写的全是名称贴，孩子玩到哪儿，看到哪儿，认到哪儿。这让辰辰在1岁前后的认知敏感期就爱上了文字，当时在租住的小区内有很多对联，是辰辰每天出去玩必读的素材之一，外公、外婆读给辰辰听。后来搬进新买的商品房，房子面积较小，家里没有更多的空间去营造阅读空间，但在家庭环境的布置上还是特意花心思去考量阅读的便利性。例如，把书就放在沙发上，方便辰辰随时取阅。虽然看起来有点乱，但重点是培养和保护阅读兴趣。包括选书也是一样，一般都是挑辰辰喜欢看的，家长很少会强迫辰辰看她不喜欢看的书。后来辰辰的阅读量越来越大了，沙发上已经"堆书成灾"。于是我们在辰辰的课桌旁买了一个旋转书架，这样就解放了沙发。

乔：从小就培养孩子热爱阅读的兴趣？有家庭共读时光吗？

陈：家庭共读时光嘛，有。不过一般不是全家一起读，而是我和辰辰一起读。有时我们俩同看一本书，从我指、我读、她听，到她指、我读，到我指、她读、我听，再后来就是一起读一本新书，我等她很快就变成她等我了。孩子的成长速度是惊人的。时间真的太快了！我都无法适应了。现在我们的共读时光一般都是各看各的书，又或者她看书，我看电子读物。但我觉得还是读纸质书比较好，因为我个

人认为电子书还是更伤眼睛一些。

乔：寒暑假，你的孩子有没有制定一个阅读目标？是否参与过图书馆或者学校举办的阅读比赛游戏？

徐佩辰（以下简称"辰辰"）：寒暑假，我从来没有刻意制定过阅读目标，但不管在寒暑假还是在上学的日子里，从未离开过阅读，每天我都会看书，书就像是我的好朋友或者说是影子。例如：在上学的日子里，我一般都是在早上洗漱完毕，吃完早餐之后阅读。我还会放一本课外书在书包里，在每个课间和完成练习后的空余时间阅读。非常感谢老师能给我们安排阅读时间。我有时间的话都会去参加图书馆的阅读活动，几乎所有的寒暑假都在做图书馆的义务小馆员，并从中收获颇丰。我感觉这项活动很好，几乎每一期活动主办方都会带我们去周边的各种展厅参观学习，还会带我们去听国学课，更有各种生活体验课。但是我没有参加过阅读比赛，不管是在学校还是在图书馆。希望以后多安排些阅读活动或其他丰富多彩的活动，我会去参加！

乔：在你居住的社区有家庭读书分享会吗？你带孩子参加图书馆的亲子阅读活动吗？

陈：我们小区有小型图书馆，在辰辰三四岁时，我们会去图书馆阅读，但那里后来就没营业了，只是时不时在小区内会有各主办单位举行的捐书活动，我们也会参加，并希望能与贫困山区的孩子互通书信，交朋友，聊读后感。我很少带孩子去参加图书馆的读书活动，一般孩子周六日会有兴趣班，与图书馆的活动时间相冲突，所以参加不了。但我本人很喜欢和羡慕能有时间去图书馆阅读的人。我觉得阅读能修身养性，让浮躁的心灵平静，也是排解郁闷心情的一种方式。

乔：在家里你陪孩子玩过阅读游戏吗？比如：找一个孩子喜欢的玩具，孩子每读完一本书，就在便利贴纸写上书名，贴在这个玩具的某个部位，直到贴满整个玩具为止。还有一种游戏是，在家里为孩子设定一个分主题阅读的标尺，用不同的彩纸标示出阅读过的图书主题分类，让孩子很直观地看到自己在一段时间内读过哪一类书比较多，也有助于家长了解孩子的兴趣所在。

辰辰：在家里我和爸爸、妈妈没玩过阅读游戏，不管是用便利贴贴玩具的游戏，还是主题阅读标尺的游戏，但我对这些阅读游戏没兴趣，我阅读书籍的方式是：

有一部分书是我爸妈给我买的，还有一部分是我从图书馆借的，我会先把从图书馆借的书看完，以免过期，再来看买回来的书。从来不会有什么样的游戏。对我来说，关于阅读的游戏就是将自己代入故事情节中。例如，我在看《鬼吹灯之精绝古城》，故事情节是一些人去了沙漠，然后发生了许多惊奇的故事。虽然我没有去过沙漠，但通过这本书，我好像身临其境，感觉到了沙漠的荒凉。故事中讲的沙漠，不是偶尔会有商队经过的沙漠，而是黑沙漠。放眼望去，一片死寂，只有几棵梭梭草，那是沙漠中除了那些人和骆驼之外仅有的生命。感觉我好像也是他们中的一员，我的生命也在经受这黑沙漠的摧残。就是因为阅读能让我有身临其境的感觉，所以我才热爱阅读。

乔： 你是否知道谷歌公司在 2016 年 3 月申请了"交互式图书"（AR，Augmented Reality）、"媒体增强立体书"（VR，Virtual Reality）两项让书本活起来的新型纸质书出版技术？你带孩子去过万江绘本图书馆吗？辰辰，你读过哪些好书？你为什么喜欢这些书？

辰辰： 爸爸、妈妈都没有带我去过万江绘本图书馆，我去的一直都是松山湖图书馆。但是我在第二次加入义务小馆员的时候，老师用投影的方法让我们看到了其他图书馆，我也想去看看！我读过挺多书，我喜欢看的书有:《狼图腾之小狼小狼》《猫武士》《鸟奴》《狼王梦》《双面猎犬》《残狼灰满》《兔王圆点点》《刀疤豺母》《金蟒蛇》《兵猴传奇》《红豺》《吴姐姐讲历史故事》《子猫絮语》《鬼吹灯》。而我读过的好书有:《昆虫记》《红楼梦》《西游记》《水浒传》《三国演义》《猫武士》《狼图腾之小狼小狼》。

请让我一本本给你讲讲我喜欢的这些书吧！首先我要讲的是《狼图腾之小狼小狼》。我喜欢看这本书，是因为它讲的是一位知识青年在内蒙古大草原养了一只狼，他每天在内蒙古"与狼共舞"，我喜欢他的小狼，也羡慕他的生活！虽然最后他的小狼死了，他在养狼的过程中也受到了很多阻拦，但我还是觉得他跟他的小狼玩耍的时候，他过得很幸福！我喜欢这本书！然后我要讲的是《猫武士》，全套书共三十本。这套书讲的是在英国的某个地方有一片丘陵，森林与草原围绕着一个湖。在那个地方生活着一群猫，它们分成了四个族群。四个族群分别叫雷族、影族、风族和河族。另外，还有一个族群叫星族，是已经死去的猫组成的，是猫们的神灵，神秘莫测。这套奇幻小说用词巧妙，内容也特别吸引人，不仅我觉得很棒，连美国图书馆协会都曾评论这套书："奇峰迭起的故事情节一定不会让猫武士迷们失望的"。诗人、文学评论家樊发稼也曾评论这套书："勇敢、忠诚、自由——《猫武士》为读者打开了深层次的思考空间。"这套书很棒，我与我妈妈强烈推荐，大家可以试着去看一下这套书，或许你们也会像我一样强烈地喜欢上这套书哦！从《鸟奴》到《红豺》都是沈石溪的动物小说，我喜欢这些动物小说是因为我觉得这几本书比我看过的其他动物小说好。我也非常喜欢沈石溪的动物小说，大家也可以试着看一看哦！

乔：通常爱读书的孩子都会有爱读书的父母，如果家长总是无所事事，麻将、应酬不断，手机不离身，孩子同样不会读书，孩子就是父母的映像，你在培养孩子读书方面做了哪些努力？

陈：对，没错。通常情况下，爱读书的孩子都会有爱读书的父母，可我家是个特例，我们的阅读量真的很不足，所以亲子阅读也不是常有的事情。辰辰喜爱阅读，源自从小对文字的喜爱，由此慢慢演变成爱阅读，阅读对她来说就是零食，就是消遣，就是打发无聊时光的事情。还有一点，就是辰辰喜欢反复阅读，看过的书过一段时间会再次翻出来读，我也很欣慰。说到父母的言传身教，我真的很惭愧，以后尽量抽出时间来阅读，跟上孩子的步伐。

乔：你和孩子喜欢并向往的图书馆是怎样的？

陈：说到我和孩子喜欢并向往的图书馆，脑子里顿时出现很多场景，例如：一走进图书馆，大厅里随处可见的机器人便摇摆着"僵尸"手臂，滑到我面前："您好，女士。请选择：自主借阅、随心情借阅、指定目标借阅，或找人工服务。如果都不是，那么我可以扫描您的心情吗？这样能更好地为您服务。""谢谢！我选指定目标借阅，我想找《西游记》白话版。""好的，请跟我来。"于是在机器人的带领下，我们就来到了第几层楼第几排的书架前："女士，您好，您的书就在您的面前，请取阅。请问还有什么可以帮到您吗？""谢谢，我想找个空调不太冷的地方看书。""请稍等，让我搜索一下。""噢，搜索完毕，请跟我来。""嗯，这个位置很不错，谢谢你。"想想这画面，多么温暖。另一个场景，就像电影《帕丁顿熊》里一样，整个图书馆的建筑相当具有艺术感且复杂，由很多很多管道组成。

阅读者只需要到前台，把想看的书告诉前台图书管理员，然后带着老花镜的图书管理员只要悠闲地对着电脑敲几下键盘，然后说一句"请稍等"。紧接着，读者想要的书就会从滑书管道弹出来准确地落到读者面前……

乔：看来你是追剧族，美剧的"狂粉"，图书馆是一个联结各种人群的地方，"僵尸"这样诡异的机器人出现在图书馆，对心脏功能不太好的老年读者、怕鬼的读者是一种健康威胁，造成公共心理潜在危险的情景不会出现在传播社会正能量的图书馆。至于你描绘的老年图书馆馆员形象，也不太符合现实和未来的情况，从事这个行业的专业馆员，在国内需要本科以上学历，且要经过事业单位考试后才能入职，在英、美等发达国家，都有严格的职业准入门槛对供职者进行录用筛选。未来前台的一般咨询服务可能被智能机器人取代，但是，图书馆专题数据库的创建、知识的重组、读者活动的策划等复杂的知识劳动，机器人是无法取代的。

辰辰：哈哈！妈妈太搞笑了！说实话，图书馆里有很多机器人确实很不错，但如果让我也喜欢这样的图书馆，那还要加上一句："在图书馆有很多机器人的同时，我还想让图书馆四周绿树成荫，就跟现在的松山湖图书馆一样就很好了！"我本人也算挺注重环保和绿化的，就是那种在楼顶上浇花时明明知道某人说的是可以带来好处的，但就因为不环保、太浪费而反对。几乎每个植树节我都会去参加植树活动，我平常也会把身旁的植物照顾得很好哦！长话短说，我喜欢的图书馆是：外部美观的图书馆里有着温柔亲切的工作人员，也有聪明可爱的机器人。图书馆外面有花草树木，有美丽的风景。图书馆里的机器人就在大厅里守候，只要有人进来，机器人就会走过来说："您好，请问有什么能帮到您吗？"人们会说："谢谢，我想找《资治通鉴》。""好的，请跟我来。"在机器人的带领下，人们来到了第几层楼第几排书架前。人们拿出了书。"请问还有什么能帮到您的吗？""谢谢，我想去一个比较安静，空调不太冷的地方看书。""好的，请跟我来。""这个位置很好，谢谢你。"

阅读书目

1.《鬼吹灯之精绝古城》，天下霸唱著，青岛出版社，2016年出版。

2.《狼图腾之小狼小狼》，姜戎著，长江文艺出版社，2005年出版。

3.《猫武士》（30 册），艾琳·亨特著，周鹰、杨冰等译，未来出版社，2017年出版。

4.《鸟奴》，沈石溪著，浙江少年儿童出版社，2009 年出版。

5.《狼王梦》，沈石溪著，浙江少年儿童出版社，2009 年出版。

6.《双面猎犬》，沈石溪著，浙江少年儿童出版社，2010 年出版。

7.《残狼灰满》，沈石溪著，浙江少年儿童出版社，2012 年出版。

8.《兔王圆点点》，沈石溪著，明天出版社，2017 年出版。

9.《刀疤豺母》，沈石溪著，浙江少年儿童出版社，2014 年出版。

10.《金蟒蛇》，沈石溪著，浙江少年儿童出版社，2012 年出版。

11.《兵猴传奇》，沈石溪著，浙江少年儿童出版社，2012 年出版。

12.《红豺》，沈石溪著，人民邮电出版社，2017 年出版。

13.《吴姐姐讲历史故事》，吴涵碧著，新世界出版社，2014 年出版。

14.《猫国物语：子猫絮语》，〔日〕莫莉蓟野著，林可欣译，北京联合出版公司，2014 年出版。

15.《昆虫记》，〔法〕法布尔著，商务印书馆，2012 年出版。

16.《红楼梦》，（清）曹雪芹著，富强改编，安徽教育出版社，2016 年出版。

17.《西游记》，（明）吴承恩著，张燕均、富强改编，浙江教育出版社，2016 年出版。

18.《水浒传》，（明）施耐庵著，富强改编，安徽教育出版社，2016 年出版。

19.《三国演义》，（明）罗贯中著，富强改编，安徽教育出版社，2016 年出版。

20.《西游记》，（明）吴承恩著，北京联合出版公司，2016 年出版。

21.《资治通鉴》，（宋）司马光著，张燕均，富强改编，浙江教育出版社，2016 年出版。

周六的午后是家庭图书馆日

访 谈 者： 乔真，东莞图书馆采编部馆员
被访谈者： 刘英娥，80 后
访谈时间： 2017 年 8 月下旬

乔真（以下简称"乔"）： 你三年在图书馆借了四百多本书，这些书都是在你家附近的图书馆借的吗？

刘英娥（以下简称"刘"）： 我家住在松山湖，两个娃子跟我一起看书，每周基本都会去离家最近的图书馆看一下午书，然后借九本书回家看。

乔： 你在华为技术有限公司工作时，公司有图书馆吗？公司员工有没有读书会？同事之间交流读书信息吗？

刘： 华为公司有图书馆，但是大部分都是专业书，不适合娃子看，公司员工有读书会，但是由于我工作比较忙，跟他们沟通读书信息不多，在家里跟娃子沟通读书比较多。

乔： 你的小孩多大了？亲子阅读方面你有什么好的方法可以分享吗？

刘： 我有两个小孩，大的七岁半，小的五岁半。我的亲子阅读方法：和娃子一起看书，娃子会受到家长的熏陶，看到家长拿着书认真阅读，娃子也想模仿大人，拿着书陪大人一起看，一般大人看到什么时候，娃子也能看到那个时候，甚至看书的时间更长。

乔： 在图书馆你借养生保健类的图书吗？养生保健类的书，你觉得哪些书对你和家人有益处？

刘： 我会看养生保健类的书，因为我一直很关注健康，想过健康人生，而且现在这个社会，生活节奏很快，我就更关注娃子和家人的健康。经常会从书中学一些怎样用健康饮食来调理身体的知识，包括娃子要多吃蔬菜和水果，多运动，而且告诉娃子们哪些食物吃了对身体有什么好处。我和家人的日常生活比较受益于这类书籍。

乔： 在修炼自我方面你读了什么好书？

刘：我常看的书：Sons and Lovers《儿子与情人》，The Jour ney to the West《西游记》，《好妈妈胜过好老师》等。我觉得任何一个女人都应该做到经济、人格、思维的独立，尤其在当今社会，每个家庭都将面临各种风险，我们更应该用自己的方式去解决问题，以确保家庭的稳固、孩子的健康成长，女人的成长很重要。阅读关于西点军校的书让我意识到工作是独立人格和远大眼界的彰显。

乔：你在朋友圈中发过一本英汉双语版的《驴皮记》，这本书是和孩子一起读的吗？东莞图书馆有三万多册外文原版书，这些书不外借，只能在馆内阅览，你读过吗？

刘：我读过英文版的《驴皮记》，我特别喜欢英语书籍，陪孩子看的，比较简单。东莞图书馆没去过，太远了，平常要带孩子，一般就在离家最近的松山湖图书馆借书、读书。

乔：在你繁忙没空到图书馆借书时，你希望图书馆提供读者付费快递借阅服务吗？

刘：我每周都会去图书馆看一下午书，无论多忙都会去一次，所以图书馆付费快递借阅服务对我个人而言，暂时不需要。我始终觉得，一个人想要做一件事，就会想方设法去完成，同时我也坚信时间是挤出来的。

乔：看你的朋友圈对穿着很有要求，哪些书引导你去探寻真善美？

刘：我个人对外在和内在都比较在意，觉得一个女人应该做到内外兼修，我可以不漂亮，但是我得穿得整洁顺眼，我也会查阅一些女人怎样护理皮肤等方面的书籍。我觉得做人一定要真诚，无论对待自己、家人还是朋友，都应该真心相待，而且做人要善良、要有同情心，乐于助人，从内到外地体现出人性美。

乔：你和你的孩子喜欢什么样的图书馆？

刘：我和孩子们喜欢的图书馆是这样的：书籍足够多，能涉及各个领域，特别是孩子们的书籍。我个人觉得松山湖图书馆供儿童阅读的书籍品种不够多，而且涉及历史方面内容的比较少，另外成人学习语言的书籍品种不多，分类也不够细。最后，我们希望图书馆能经常组织一些孩子和成人的学习活动，举办频率可适当加大。

阅读书目

《好妈妈胜过好老师》，尹建莉著，作家出版社，2014 年出版。

年少当自强

每周约有两小时读课外书

访 谈 者：乔真，东莞图书馆采编部馆员

被访谈者：黎致远，00 后

访谈时间：2015 年 10 月中旬

乔真（以下简称"乔"）：致远小朋友，你好！听你姥姥介绍，你读过很多书，有关历史方面的读了《史记》《资治通鉴》《美国简史》等，你读这些书是少儿版的还是图文版的？你怎么看中国这个历史悠久的文明古国？美国历史短暂，但是从 20 世纪至 21 世纪初，美国的军事、科技、文化、艺术、经济等多方面引领全球，你怎么看这一现象？

黎致远（以下简称"黎"）：我阅读的书基本都是图文版的。我的看法是：中国固有灿烂文明，但难以让西方国家接受，在一段时间内甚至禁海，阻碍了文化的传播，而地理位置上的喜马拉雅山脉和塔克拉玛干沙漠，更是让文化传播雪上加霜。

对比中国，美国虽然历史短暂，但是民族创造力强，进步很快。况且，美国的文化有着欧洲的文化基础，简单易懂，传播力强。另外，美国土地肥沃，没有太大的地理阻碍，在两次世界大战中，本土没有受到牵连，更加速了文化的发展和各方面的大幅度进步。而且，美国人开放的思想、合理的法律，更为它成为超级大国打下了牢固的基础。

乔：你读了中国四大名著《三国演义》《西游记》《水浒传》《红楼梦》，四部书中你比较喜欢哪一本？为什么？

黎：我最喜欢看《三国演义》，因为在这本书里，对人物的刻画很细腻，故事情节丰富多彩，而且与真实历史十分切合，让我了解到许多相关的历史知识，以及许多的人生道理。

乔：你从《中国国家地理》中看到了什么？是每期都看吗？吸引你喜欢这份期刊的主要因素是什么？

黎：我从这份期刊中看到了许多中外著名的地理现象和风土人情。我基本上是每期都看。吸引我看的原因是，里面众多的知识不仅加强了我对地理知识的掌握程度，而且也让我对众多地理知识有了更多、更深层次的理解。

乔：英国作家 J. K. 罗琳的魔幻文学系列小说《哈利·波特与魔法石》《哈利·波特与密室》《哈利·波特与阿兹卡班囚徒》《哈利·波特与火焰杯》《哈利·波特与凤凰社》《哈利·波特与混血王子》《哈利·波特与死亡圣器》，共七部，你全看过吗？这套书对你的想象力方面有帮助吗？

黎：我全看过。这套书对我的想象力有着很大的帮助，而且 J.K. 罗琳的那种丰富的想象力也让我敬佩不已。

乔：你怎么安排做功课和读课外书的时间，每周用多少时间来读课外书？

黎：我往往是利用在学校、家里的零散的时间来阅读，每周大概有 1~2 小时来阅读。

乔：你有到图书馆借书回家读的习惯吗？学校有没有图书室？常去吗？

黎：我一般不从图书馆借书回家读。学校有图书室，我偶尔去那里查询一些资料。

乔：你喜欢在什么地方读书？如：家、学校、图书馆、书店。

黎：我一般在家里安静的地方看书，有时也会在学校看。

阅读书目

1.《史记》(青少年版),张新煜改编,北京少年儿童出版社,2010年出版。

2.《资治通鉴》(青少年版),申丽娟改编,北京少年儿童出版社,2014年出版。

3.《美国简史》,黄耀华主编,黄山书社,2012年出版。

4.《三国演义》(上下),罗贯中著,中国少年儿童出版社,2006年出版。

5.《西游记》,(明)吴承恩著,北京十月文艺出版社,2007年出版。

6.《水浒传》,(明)施耐庵著,北京十月文艺出版社,2009年出版。

7.《红楼梦》,(清)曹雪芹著,中国文史出版社,2014年出版。

8.《中国国家地理》,中国科学院、地理科学与资源研究所和中国地理学会主办,1950年创刊。

9.《哈利·波特与魔法石》,〔英〕J．K．罗琳著,苏农译,人民文学出版社,2000年9月出版。

10.《哈利·波特与密室》,〔英〕J．K．罗琳著,马爱新译,人民文学出版社,2000年出版。

11.《哈利·波特与阿兹卡班囚徒》,〔英〕J.K.罗琳著,郑须弥译,人民文学出版社,2000年出版。

12.《哈利·波特与火焰杯》,〔英〕J．K．罗琳著,马爱新译,人民文学出版社,2001年出版。

13.《哈利·波特与凤凰社》,〔英〕J．K．罗琳著,马爱农、马爱新、蔡文译,人民文学出版社,2003年出版。

14.《哈利·波特与混血王子》,〔英〕J．K．罗琳著,马爱农、马爱新译,人民文学出版社,2005年出版。

15.《哈利·波特与死亡圣器》,〔英〕J．K．罗琳著,马爱农、马爱新译,人民文学出版社,2007年出版。

相约周五乐读

访 谈 者：乔真，东莞图书馆采编部馆员

被访谈者：刘陈晨，90 后

访谈时间：2017 年 1 月中旬

乔真（以下简称"乔"）：刘老师，你好！请问你指导的学校"相约周五"读书阅读小组有多少学生参加？每月主题读书活动是大家共读一本书，还是拟定一个主题，围绕本主题相关的图书进行阅读？每月阅读成果交流会的形式是怎样的？

刘陈晨（以下简称"刘"）："相约周五"读书阅读小组共有七到九年级的学生三十二人，刚开始是每月大家共读一本书，有时我推荐的书有的阅读兴趣广泛的学生已经读过了，所以就开始围绕主题自己制订阅读计划，每月的交流会有时是讲座，大家交流读书心得；有时是报告会，用演讲的形式分享读书成果。每学期都有一次影视欣赏，大家一起观看原著改编的电影，写心得。

乔：你所在的学校有校刊或校报吗？学校在展示阅读小组学生阅读分享成果方面提供了哪些平台，促进更多的学生爱上阅读？

刘：有呀，之前听说有文学性的校刊《梧桐树》。现在改成校报了，每个月一期，主要是以故事、名言、推荐书目等形式传播阅读。学校为了更好地开展阅读，为阅读小组提供了阅读室，学校的图书馆也可以定期给学生提供书籍。阅读小组的学生每月把读书心得展示在学校的文化墙上，以吸引更多学生阅读。每个月的活动都在学校的微信公众号上报道，也引起学生家长的重视。每学期也有阅读小组的成员参加学校的作文比赛，喜爱阅读的学生写作水平都比较高。

乔：参加阅读小组的学生写阅读感想，除此之外，对于那些在阅读方面表现突出的学生，学校有没有奖励机制鼓励学生？

刘：当然有，对于表现突出的学生，我们会申请学校设置奖项，给予文具、书籍等物质奖励，阅读小组内也会发奖状、书籍。

乔：阅读小组的成员需要多长时间提交一篇读书心得或者书评文章？

刘：每位小组成员每个月交一篇读书心得，每学期交一篇书评。优秀的读书心得和书评会展示在文学展板或校报上。

乔：工作繁忙，你自己平常有专门的阅读时间吗？有读书计划吗？

刘：我平时最多的是读教学方面的书，除了假期基本没有专门的大块的阅读时间，都是每天挤时间阅读。我没有明确的读书计划，都是在和学生一起阅读，赶在学生阅读之前把没读过的书读完，保证每天看半小时，就当工作之余的休息放松了。

乔：除了教学之外你还要兼管学校的图书馆，你享受在图书馆与学生共度的时光吗？

刘：那是非常美妙的时光，享受沐浴在阳光下尽情遨游的每一秒。

乔：你理想中的图书馆是什么样的？

刘：环境清幽，采光好，才能使书籍散发出知识的气息；阅读空间大，配备大量座椅，可以让更多人边阅读边记笔记；有查询的电脑，不用每次按编码苦苦寻找。

每天完成作业后读书

访 谈 者：乔真，东莞图书馆采编部馆员
被访谈者：房田田，00 后
访谈时间：2017 年 3 月下旬

乔真（以下简称"乔"）：房田田同学，你好！你参加学校的阅读小组活动有多久了？在阅读小组中获益多吗？你从多大的时候爱上阅读的？在没有阅读小组的时候，你通过什么途径和方式进行阅读？

房田田（以下简称"房"）：我已经参加学校阅读小组三个学期了。在阅读小组中收获很多，不但能和志同道合的朋友一起交流，而且在老师的帮助下能更好地理解书中的内容。我在三年级的时候就爱上阅读了，之前没参加阅读小组，都是去图书馆借书，或向同学借书，偶尔也央求父母买。

乔：你每周花多少时间泡在学校图书馆？在图书馆读书的乐趣与在其他地方读书有何不同？

房：八年级的学习很紧张，基本没有时间去图书馆，但是想看什么书可以让老师帮忙借，回家看。如果有条件，我还是希望在图书馆读书，在图书馆读书环境安静，可以忘却烦恼，读书效率也会更高。

乔：你每周利用多少时间进行课外阅读？除了纸质图书以外，你会读电子书吗？你更喜欢哪种形式的阅读？为什么？

房：我很爱读书，基本上每天写完作业就读书，平时也读电子书，不过我更喜欢纸质书籍，电子书没有翻页的快感，而且看多了对眼睛不好。

乔：你期望读书能带给你什么？

房：读书带给我很多，不仅是精神上的愉悦，更多是精神上的安慰。当我遇到困难时，书籍就像朋友，教我道理，陪我成长。

乔：除了老师布置的阅读书目之外，你自己会增加额外的阅读书目吗？你选书的标准有哪些？

房：我会自己增加。我读书经常是"不求甚解"，所以看得很快，读书量也很

大。我选书没有标准，小学时喜欢看带插画的书，现在只要是书都拿来读，我觉得每本书都有值得读的地方。

乔：你会为自己制订一年的阅读计划吗？通常写几篇阅读笔记？

房：我会给自己制订阅读计划。如：下一年要读更多的外国名著。除非是老师要求，一般很少写读书笔记，但是看到好句子会摘抄。

乔：父母支持你的阅读爱好吗？他们是怎样帮助你的？

房：父母不反对但也不支持，他们会给我买他们认为对学习有益的书籍，经常要我把精力放在学习上。

乔：你理想中的图书馆是什么样子的？

房：那一定是很大且独立的一栋楼，有很多书架把不同种类的书分开陈列，如果条件允许再放上软软的沙发，并且能全天开放。

乔：我现在工作的图书馆就是这样一座现代化的图书馆，欢迎你有机会到这里来看书。也希望你努力读书，考一所好大学，现在国内经济较发达地区的图书馆大多都符合你的期望。

因为一本书爱上阅读

访 谈 者：乔真，东莞图书馆采编部馆员

被访谈者：柴和平，00 后

访谈时间：2017 年 7 月中旬

乔真（以下简称"乔"）：柴和平同学，你好！你参加学校的阅读小组活动有多久了？在阅读小组中获益多吗？你什么时候爱上阅读的？在没有阅读小组的时候，你通过什么途径和方式进行阅读？

柴和平（以下简称"柴"）：一学期。大家在一起讨论阅读感想，收获挺多的。三年前，在上阅读课时，读到一本喜欢的书，从此爱上了阅读。没有阅读小组时，我一般都去书店买书，参加了阅读小组，就去图书馆借书。

乔：你每周花多少时间泡在学校图书馆？在图书馆读书的乐趣与在其他地方读书有何不同？

柴：每周花一天的时间去图书馆。热闹，图书馆里同学多。

乔：你每周利用多少时间进行课外阅读？除了纸本图书以外，你会读电子书吗？你更喜欢哪种形式的阅读？为什么？

柴：每天晚上我都会阅读一到两小时，而且我喜欢读电子书，因为电子书比纸本书更容易携带，电子书种类更多，不占空间。

乔：你期望读书能带给你什么？

柴：放松、快乐。

乔：除了老师布置的阅读书目之外，你自己会额外增加阅读图书吗？你选书的标准有哪些？

柴：我会额外增加的。我更喜欢读小说，科幻和玄幻小说是我的最爱。

乔：你会为自己制订下一年的阅读计划吗？通常写几篇阅读笔记？

柴：不会，我阅读是为了放松，如果制订计划，阅读就会像任务一样。3 个月写一次读书笔记。

乔：父母支持你的阅读爱好吗？他们是怎样帮助你阅读的？

柴：支持。帮我借书，我喜欢的书，他们都会毫不犹豫地给我买。

乔：你理想中的图书馆是什么样子的？

柴：很大，很宽敞。里面有各种类型的书，有大量我喜欢的玄幻、修真、科幻类小说。

在书中享受平静

访 谈 者：乔真，东莞图书馆采编部馆员

被访谈者：钟佳希，00 后

访谈时间：2018 年 1 月下旬

乔真（以下简称"乔"）：小佳希，平常很喜欢看书吗？一般每周用多长时间看课外书？

钟佳希（以下简称"钟"）：如果厚的书，三百多页的，每周看一本，薄的书，每周看几本。

乔：你一般都是看中文书吗？

钟：有时也看中英文对照的书，看过《小屁孩日记》。这本书既有插图，又有中文，还有英文，读起来方便又很有趣。

乔：你平常到图书馆看书吗？

钟：一般很少有时间到图书馆看书，大多都是上网买书，在家看。

乔：莞城图书馆联合你们学校还有东莞理工学院粤台产业科技学院三方合办的"e 悦读"小学生读书分享沙龙活动你喜欢吗？每次课都参加吗？

钟：喜欢，每次都参加。"e 悦读"小学生读书分享沙龙活动全校就十个学生可以参加，能够参与这个活动，学习阅读，感觉很荣幸，也很感激学校给我这么好的学习机会。

乔：你参加"e 悦读"小学生读书分享沙龙活动后，感觉自己哪方面能力提高了？

钟：感觉读书很快乐，在这里结交了新朋友，还认识了理工学院的哥哥姐姐，他们帮助我又深一层地理解了辩论，还帮助我提高了辩论能力，在他们的指导下阅读，学会了在阅读中寻找资料、积累资料。

乔：对你的写作能力有帮助吗？

钟：有，因为我以前就喜欢写小说，老师也常常训练我们的写作能力，布置一些命题作文。我最近还写了一本小说。

乔：平常写日记吗？

钟：有时候会写。

乔：爸爸、妈妈寒暑假会带你到图书馆看书吗？一般多久去一次？

钟：他们经常带我去东莞图书馆，那里离我家比较近。一般每周两次。

乔：爸爸、妈妈平常喜欢看书吗？

钟：爸爸喜欢看《人类简史》《未来简史》那些比较厚的书，妈妈喜欢看一些医疗、保健、调理生活的书。

乔：你喜欢爸爸、妈妈看书的样子吗？你更喜欢用哪种方式消磨休闲时间？如他们带你逛街、看电影、去公园玩，还是看电视、看书？

钟：我希望在我看书的时候，他们不要在我旁边看手机，最好也都在看书。我还是喜欢看书。

乔：你在看书时的感觉与其他活动的感觉有什么不一样？

钟：看书的时候，很安静，心里也是平静的。

乔："六一"儿童节、你的生日时，爸爸、妈妈一般送什么礼物给你？

钟：我姑姑是小学老师，她会送我书，爸爸、妈妈一般会带我去吃一顿美食。

乔：最喜欢什么生日礼物？

钟：喜欢书。书可以长期陪伴着我，可以看很多次，美食则是一次性的。

乔：你最喜欢姑姑送的什么书？你会长期保留这些书吗？

钟："尼古拉"。会长期留着，起码保存到爸爸、妈妈四十多岁的时候。我对这些书保护得很好，放在书柜中，定期地擦灰尘。爸爸小时候看的连环画都是用箱子装好的，现在还可以看，我经常看。

乔：手中翻着爸爸小时候看的书，什么感觉？

钟：很快乐，觉得和爸爸小时候被一种共通的东西连接着。

阅读书目

1.《小屁孩日记》，〔美〕杰夫·金尼著，新世纪出版社，2016年出版。

2.《人类简史》，〔以〕尤瓦尔·赫拉利著，林俊宏译，中信出版集团，2017年出版。

3.《未来简史》，〔以〕尤瓦尔·赫拉利著，林俊宏译，中信出版集团，2017年出版。

4.《小淘气尼古拉绝版故事1——要开学喽！》，〔法〕勒内·戈西尼著，戴捷译，中国少年儿童出版社，2014年出版。

5.《小淘气尼古拉绝版故事2——木皮先生》，〔法〕勒内·戈西尼著，戴捷译，中国少年儿童出版社，2014年出版。

6.《小淘气尼古拉绝版故事3——新邻居》，〔法〕勒内·戈西尼著，戴捷译，中国少年儿童出版社，2014年出版。

7.《小淘气尼古拉绝版故事4——爸爸的办公室》，〔法〕勒内·戈西尼著，戴捷译，中国少年儿童出版社，2014年出版。

8.《小淘气尼古拉绝版故事5——巧克力草莓冰激凌》，〔法〕勒内·戈西尼著，戴捷译，中国少年儿童出版社，2014年出版。

9.《小淘气尼古拉的故事1——小尼古拉》，〔法〕勒内·戈西尼著，戴捷译，中国少年儿童出版社，2014年出版。

10.《小淘气尼古拉的故事2——小尼古拉的课间休息》，〔法〕勒内·戈西尼著，戴捷译，中国少年儿童出版社，2014年出版。

11.《小淘气尼古拉的故事3——小尼古拉的暑假》，〔法〕勒内·戈西尼著，戴捷译，中国少年儿童出版社，2014年出版。

12.《小淘气尼古拉的故事4——小尼古拉和他的伙伴们》，〔法〕勒内·戈西尼著，戴捷译，中国少年儿童出版社，2014年出版。

13.《小淘气尼古拉的故事5——小尼古拉的烦恼》，〔法〕勒内·戈西尼著，戴捷译，中国少年儿童出版社，2014年出版。

14.《西游记》，富强改编，中国画报出版社，2013年出版。

畅游书中，怡然自得！

访 谈 者：乔真，东莞图书馆采编部馆员

被访谈者：曾文轩，00 后

访谈时间：2018 年 1 月下旬

曾文轩（以下简称"曾"）：老师好，你知道我为什么有黑眼圈吗？就是因为每天晚上我都在被窝里看书，被妈妈发现后，就会被骂，然后就不开心。我每天都要看书，利用课余时间、周末，如果哪天不看书，我就会觉得少了点儿什么。

乔真（以下简称"乔"）：一年看多少本书？

曾：这个，没算过。只要有时间，我就会看书。

乔：寒暑假时，你会给自己制订一个阅读计划吗？

曾：寒暑假时，我妈妈一般都很忙，周末才有时间陪我放松，周一至周五，我就求她把我放在书店里，一待就是一整天，我就在那里拿很多的书，慢慢看。

乔：哇，那你一年的阅读时间超过 2000 小时了。你喜欢在书店看书？还是在图书馆看书？

曾：更喜欢在书店。书店的书比较齐全，我喜欢看的书，书店都有，很好找，我找不到的，就让书店里的叔叔阿姨帮忙找。图书馆的书，按类摆放，我经常找不到我想看的书。

乔：你到书店看书，一般是一个主题的一起看，还是随便看？

曾：我喜欢同一类的书一起看，平常喜欢看历史、百科，还有名人传记。

乔：你读了这些书对你有鼓舞吗？对未来有规划吗？

曾：有鼓舞，将来长大想做一个喜剧演员。

乔：学校与莞城图书馆合办的"e 悦读"阅读沙龙活动，你每次活动都参加吗？你最喜欢这项活动中的哪个环节？

曾：每次都参加，最喜欢最后的阅读辩论比赛，我从小身体不好，个子也不高，经常被一些同学欺负，我从二年级开始就利用平常阅读量大的优势训练自己的口才，在老师和家长都在的时候，我就用嘴辩倒那些我打不过的同学。

乔：哈哈，机智的小孩。你参加辩论赛的时候，在哪儿收集资料？

曾：我一般不利用老师发的那些资料，那些大家都一样，说不出新观点，我拿到辩题后，就根据辩题在大脑中搜索之前看过的书，根据提纲列出自己的观点，有一点灵感，就马上用笔记下来，然后整理辩稿。

乔："参加"e 悦读"小学生读书分享沙龙活动，你的写作能力是不是明显提高了？

曾：嗯，是的。

乔：你这么喜欢看书，你交的朋友是不是也和你一样？

曾：是，我的几个邻居、同学都喜欢看书，我们周日一起约到图书馆，一坐就是一天。

乔：你享受在图书馆看书这种感觉吗？你觉得在书店看书和图书馆看书有什么不一样？

曾：图书馆看书，更快乐，更安静，能更好地进入书中的世界。图书馆的环境也好，有椅子，还有沙发，书随便看。书店太吵，书店的书很多都是出售后才可以读，很多书都用塑料薄膜封着，不能打开看，在图书馆，任何一本书都可以看，自由自在，很享受！

乔：家里人喜欢看书吗？

曾：我爷爷、奶奶保留了很多连环画，我经常看。如：《南征北战》《小号手》《转战陕北》。爸爸、妈妈喜欢看心理学方面的书，他们总是很忙，买书多过看书。

书，是家人的最爱！

访 谈 者： 乔真，东莞图书馆采编部馆员

被访谈者： 吴宇轩，00后

访谈时间： 2018年1月下旬

吴宇轩（以下简称"吴"）： 老师好！我的这个黑眼圈一半是从妈妈家族遗传的，一半是由一个坏习惯导致的，每天晚上我在床边架一个小台灯，枕边放一本书，入睡前必须看书，如果哪天晚上不看书，我就整晚都睡不着。

乔真（以下简称"乔"）： 你的枕边一般都放一些什么书？

吴： 我比较喜欢看科幻类的书，一般都是放这一类的书，还有杂志。

乔： 你看过《三体》吗？

吴： 还没有。

乔：《三体》是近年来中国很著名的一套科幻书。你读了这么多，写作能力一定很好吧。

吴： 是，我的阅读对写作有很大帮助，我的脑洞也特别大。爸爸、妈妈说我脑回路跟别人不一样，就是因为我看了太多的科幻小说。

乔： 未来你想做什么？

吴： 跟同学一样，也做演员。

乔： 你这么喜欢看科幻小说，为什么不想做科学家？

吴： 感觉科学家的生活太固定了，每天待在实验室里，很少有时间玩乐。但是做演员在工作过程中可以和其他演员谈笑风生，自己也很快乐。所以，我更喜欢做和人交流多的工作。

乔： 做演员有趣，做科学家生活枯燥、闷、寂寞，所以你不喜欢？忍受不了孤独和单调的生活，对吗？

吴： 嗯。

乔： 你统计过一年大概读多少本书吗？

吴： 没统计过。

乔：你会给自己制订寒暑假读书计划吗？

吴：我每天都用一个多小时以上的时间看书，一般可以看五本杂志。这个寒假我会读十几本书。

乔：你平常喜欢看哪种杂志？

吴：适合小朋友的，如《儿童文学》《演讲与口才》《英语街》等。

乔：你做读书笔记吗？

吴：有时会，有的读书笔记是抄一些书中文字精美的句子，让自己的文笔变得更加优美；有的直接在书上加眉批。时间充裕的时候，就写得多一些，时间紧张，就把句子写得简短一些。

乔：爸爸、妈妈平常喜欢看书吗？

吴：喜欢。他们每天晚上睡觉前都会看一会儿书。

乔：家里人会在一起讨论看过的书吗？

吴：会啊，一般在吃晚餐的时候分享好书。

乔：和家人一起分享图书时，你感觉怎样？

吴：很快乐。

乔：周末，一家人会怎么过？

吴：妈妈在银行上班，经常加班。爸爸要到图书馆上课，他把我放在图书馆阅览室里，他上课，我看书，爸爸下课后，我们一起回家。

乔：家里一般会怎么过节？

吴：春节一家人回老家，拜过年之后，一家人也要看一会儿书，再睡觉。其他的假期，一般都是在家各自看自己的书，看累了，一家人外出运动，晚上临睡时，又是各自看书。

阅读书目

1.《三体》（1—3）刘慈欣著，重庆出版社，2008 年出版。

2.《儿童文学》，1963 年 10 月创办，中国少年儿童新闻出版总社主办，月刊。

3.《演讲与口才》，1983 年创刊，《演讲与口才》杂志社主办。

4.《英语街》，重庆出版社出版发行的英语学习杂志，有初中版和高中版，月刊。

师生悦读乐逍遥

访 谈 者：乔真，东莞图书馆采编部馆员

被访谈者：黎鹤龄，80 后

访谈时间：2018 年 1 月下旬

乔真（以下简称"乔"）：黎老师在学校指导学生阅读，平常自己在家也阅读吗？是不是从小就爱上阅读了？

黎鹤龄（以下简称"黎"）：不是，真正喜欢阅读还是读了师范学校的汉语言文学专业以后。当时需要读大量的文学作品才能完成老师布置的作业，在这样的情况下，从那个时候起不知不觉就爱上了阅读，读了很多外国文学、中国文学作品。现在，除了个人爱好的书要读，还经常抽时间读一些与业务和工作相关的书籍，以及一些养生保健类的书、心理疏导方面的书，以保障自己和家人身心健康。有时还会用微信读书，微信读书非常方便，可以标注，还可以与同读一本书的朋友一起分享感悟。

乔：你家里人喜欢读书吗？

黎：我先生年轻时候爱看书，现在工作、生活改变了他的读书习惯，读书少了。女儿受我的影响，加上幼儿园阅读启蒙教育得好，从小也爱上了读书。她在幼儿园时，幼儿园里有一个漂流书活动，我非常喜欢，每个小朋友都有一个小书袋，里面放两三本绘本，还有一个阅读记录本，每周大家轮流看，看完之后，家长要写阅读记录，主要是记录亲子阅读过程，比如：小孩看了什么，以提问的方式让小孩了解绘本的故事。从那个时候开始，她小小年纪，已经有了阅读的萌芽开始陪伴着她。她就读的小学也有浓浓的书香氛围，我也有意识地培养她读书的好习惯，她认字不多的时候，我就读给她听，一边读一边讲，随着她的年龄逐渐增长，字认得更多，她的阅读能力也逐渐提高，我就开始训练她的阅读速度，两个人一起读同一本书，进行赛读，现在 10 岁的她偶尔也看我读的书，之前我正在读《追风筝的人》，她居然比我读得快，我曾担心她读不懂，让她读适合自己年龄的书。

乔：也可以找《追风筝的人》的电影给小孩看，帮助她理解作品，她一定能

看懂。

黎：有这部电影吗？

乔：有啊，电影名是《追风筝的孩子》，非常好的一部电影，获得 2008 年第 65 届金球奖最佳外语片和最佳配乐奖，是可以看很多遍的电影。

黎：这样吗，一直不知道，回去找来看看。不过，我总觉得看电影不如看书，像《山楂树之恋》，我先看了书，再看电影，感觉完全没有书中的意境。

乔：文字的世界，给了你充分的想象空间，电影是按照导演和演员对文学作品的理解进行再创作，从观众的角度来看，具有直观性，不像文字世界，你可以天马行空地完全依靠自己的理解来想象，所以，总感觉文字转化为具体的图像时，不是你想象的那样美好。但是这部电影真的非常好，完全没有破坏文学文本的艺术性，音乐非常优美，可以帮助你延伸想象空间。整部电影，是一种淡淡的忧伤基调，看完之后，很久都会沉浸其中。

黎：好的，回去一定找来看。我还给她订了《儿童文学》，让她多看、多了解，不闭塞。

乔：你还可以给她增订一份《少年文艺》，也是一份很好的少儿杂志。这本杂志基本是与新中国同龄的，创刊时间很长，历史悠久，我小的时候就是看这本杂志爱上了阅读，所以我女儿稍大一点儿的时候，我就给她订了一份，一般我给她订的杂志和报纸，北京和上海出版的都有，目的就是为了从小就拓宽她的思维。

你觉得《追风筝的人》这部作品好在那里？

黎：首先，刻画人物入木三分，书中两个主人公阿米尔和哈桑从小到大的变化，影射了社会的发展变化、战争的黑暗，写得非常好。

乔：我从这部作品中看到作者是在写人类，作品大背景写的是苏联出兵阿富汗前后，主人公父子人生轨迹发生的变化。战争让很多人流离失所，原本是大律师阿米尔的父亲带着儿子连夜告别自己的祖国，逃往美国，从一个自己国家上流社会的专业知识分子、贵族到在美国求生的底层小商贩，这种变化使阿米尔原本敏感、脆弱的个性在成长过程中经历了更多、更丰富的历练，他向往和平、渴望真诚，怀念善良、淳朴、勇敢、有文化涵养的哈桑，象征着祖国淳朴民众和阿富汗的文化血脉，他对自我懦弱、自私发自内心的忏悔，剖析丝丝入扣，歌颂了童年纯真友谊的可贵，人性在强权的恐怖分子控制下被压抑，人民生活困苦，开放、自由国度给人成长空间的艰难和广阔性……纯真、善良的哈桑对自私、卑微的阿米尔的人性救赎，温柔、贤良的妻子因不能生育对阿拉伯民族高产、多子民俗的背离，让我看到了阿米尔和妻子对爱情的忠贞、坚守，他们对养子无私、耐心、恒久、温柔、包容的爱，也象征着战后满目疮痍、伤痕累累的祖国阿富汗需要更多的爱和精心呵护才能重建美好家园。

每年世界阅读日，东莞图书馆少儿馆 / 少儿部都举办青少年征文比赛，你以后可以组织学生参加比赛，给学生更多的练笔机会。

黎：好啊。学校的阅读活动也大多在四月开始。

乔：其实实验小学可以和我们少儿馆联合组织一些少儿阅读活动，我们离你们学校很近，我们馆少儿阅读活动开展得非常丰富又有特色。"e 悦读"的含义是什么？在图书馆"e 悦读"专指电子方面的虚拟文章、期刊、图书的阅读。

黎：我们的"e 悦读"是学校根据广东省"一起阅读"教育平台开展的线上线下相互关联的阅读活动。学生根据老师发布的阅读计划里的推荐书目，线下读纸质书，线上定时根据阅读书目以游戏的方式闯关进行阅读测试比赛，这些测试考查学生对阅读书目内容的了解、作品的理解等。老师依据学生闯关的数据进行分析，从中了解学生的阅读情况，如词语的理解、内容的了解等，及时发现学生在阅读方面存在的问题并进行再指导。这里的"e"就是互联网的意思。

这个"e 悦读"活动需要家长的配合督促，学校是不鼓励学生读太多电子读物的，一方面学生年龄太小，自控能力弱，另一方面是保护小孩的眼睛。

学生们也更喜欢纸本书。吴宇轩参加这个活动后，先后参加过多次作文比赛，曾经在莞城区征文比赛中获得一等奖，参加市教育局举办的"梦阅读"征文比赛也得了奖。

乔：黎老师指导有方。我个人认为纸本书更有利于思考，尤其是小孩，更应该从小就培养他们独立思考的能力。

黎：Kindle 已经流行了好几年了，那里面的书便宜，又方便携带，一个阅读器内可以装很多本书。但是，电子书缺少翻纸质书的质感。

乔：对，还有，Kindle 有一些免费的英文原版公版书可以读，这也是它的优势。现在很多年轻人很喜欢，他们觉得读电子书很潮，比读纸质书更有范儿，是未来阅读发展的必然趋势。

但是，我还是不太习惯读电子书，几年前就买了 Kindle，平常几乎没看过，只有在出差时才带着。总感觉电子书或电子文档不能引发深层思考，看电子书很难发现问题。看纸质书更直观，很容易发现问题，也便于深入阅读、利于思考。

阅读书目

1.《追风筝的人》，〔美〕卡勒德·胡赛尼著，李继宏译，上海人民出版社，2006 年出版。

2.《山楂树之恋》，艾米著，江苏人民出版社，2009 年出版。

3.《儿童文学》，《儿童文学》编辑部，1963 年创刊。

4.《少年文艺》，《少年文艺》编辑部，1953 年创刊。

域外之石

没有事做的时候就看书

访 谈 者：乔真，东莞图书馆采编部馆员

被访谈者：余镭，90 后

访谈时间：2016 年 3 月

乔真（以下简称"乔"）：余镭，你好，早就听说你喜欢读书，一直想约你做一次有关阅读的访谈。可那时，你还在英国留学，所以就一直在等。你们这一代，被称作"网络原住民"，没有网络，似乎就没有了空气。你对纸质书阅读还有兴趣吗？每天或每周大概有多少时间用于纸质书阅读？

余镭（以下简称"余"）：自从毕业工作之后，阅读的习惯就一直保持，但是阅读纸质书的时间很有限。因为现在信息发达，书籍一般都是下载到手机、iPad 或者是 Kindle 中。纸质书的阅读仅限于工作资料或者是比较深入的专业书籍。

乔：你从什么时候开始利用图书馆读书？你觉得图书馆阅读与其他方式的阅读有什么异同？

余：上学后就一直有到图书馆读书的习惯，但是中学时在图书馆主要看的是一些兴趣挖掘方面的书籍，上大学后图书馆更多就是用来复习应对考试的地方。

图书馆阅读的方式我很喜欢，很安静，同时在这样的氛围中也很有效率。

乔：英国是世界上第一个公共图书馆诞生的地方，公共图书馆阅读，在英美民众中非常普遍。你在英国留学期间，感觉中英两国读书人对图书馆利用方面有何不同？

余：在英国时，图书馆是我去得最多的地方，因为考试、写论文等原因。首先，英国的图书馆更开放，所处的地理位置都是城市的最中心。为兴趣阅读的人是一小部分，多数人是有目的地阅读，为了准备某一篇论文或者某一个实验课题需要查阅资料，图书馆的资料更加精准。其次，英国的图书馆有非常多的区域划分，并不是一个绝对安静的环境。基本上绝大多数区域的人都在进行讨论，安静阅读的人不多。

乔：你读过的哪些书对你影响很大？为什么？

余：我初中时住在姨妈家，家里有唐诗宋词全集，也有金庸、古龙的作品全集。这些书我全部看过几遍，对我的性格产生了比较大的影响。男人心里都有一个风流才子斗酒诗百篇的梦想，也有一个行侠仗义、剑气满江湖的愿望。现在回想起来，还是很羡慕那些大诗人和大侠，恨不得自己也能生在那样一个时代。

乔：你参加过读书会活动吗？在你周边有没有影响力比较大的读书活动？

余：很少，选择书籍主要是朋友推荐以及根据工作或者生活中的需要，还选一些与专业相关的论文期刊。

乔：2015 年你读了哪些好书？2016 年计划读多少本书？

余：2015 年我看过一些管理类、教育类书籍。印象比较深刻的还是中英文版的《冰与火之歌》，特别是后面几册翻译得非常粗糙。英文小说非常有特点，如语言的应用方式以及习惯，需要比较频繁地查阅字典。2016 年希望能看一些经济类、证券类书籍，还希望能看一些优秀的小说，希望能看二三十本书吧。

乔：读书，对你的工作和生活影响大吗？

余：挺大的，我没有事做的时候就是看书，如果不看书我就不知道该干什么。

阅读书目

A Song of Ice and Fire，George R. R. Martin，Harper Voyager，2012 年出版。

创造力源于自由的阅读

访 谈 者：乔真，东莞图书馆采编部馆员

被访谈者：朱伟嘉，90 后

访谈时间：2016 年 9 月下旬

乔真（以下简称"乔"）：朱伟嘉同学，你好。现在功课是不是比较紧张，还有空看课外书吗？在澳大利亚上学，完成作业时对图书馆的利用应该更多吧？墨尔本大学图书馆为学生提供的哪些服务令你和你的同学感到满意？与国内相比，澳大利亚的图书馆在使用性、便利性方面是否具有更多优势？

朱伟嘉（以下简称"朱"）：乔阿姨好，很高兴可以接受这个访谈。我现在的学习虽然比较紧张，但是并没有放弃阅读。只要一有空闲的时间，还是会拿起电子书阅读。就完成作业而言，对图书馆的利用确实是比较多的，特别是需要完成论文的时候，大家都会去图书馆寻找参考文献以及借阅有用的书本。墨尔本大学让我和我的同学们感到满意的服务有几点。首先，在墨大，每个学院不仅有属于自己的图书馆，学校还有一个 Main Library（主图书馆），平常并不会出现图书馆位子供不应求的情况；其次，学校的管理人员会定时巡逻，禁止一切占座行为，确保每个位子都能被有效利用；最后，在临近期末考试阶段，每个图书馆都会延长开放时间到凌晨，某些区域还会 24 小时开放，为大家提供了复习的好去处。我虽然不常去国内的公共图书馆（中学时利用校内的图书馆比较多），但我听说国内的图书馆（特别是大学的）存在占座的现象，在图书馆使用高峰期，座位可能供不应求，这大大降低了图书馆的有效使用率，也为真正需要图书馆服务的人带来了不便。在这一点上，澳大利亚的图书馆可能会更有优势吧。

乔：读书对你而言，意味着什么？父母对你成长中的阅读有哪些帮助？

朱：读书对我来说，就是一个开阔视野、提升自身思想高度的过程。读书不仅仅是读书，而是要去思考文字背后的意义、作者想要表达的思想。在这个过程中，不仅要学会取其精华，更要学会有自己的观点，这些观点可以与作者一致，也可以与作者有分歧。但最重要的，是要拥有批判性的思维，不要人云亦云。

　　从小，我妈妈就非常注重培养我对阅读的兴趣。不是吹牛的！她真的在我刚学拼音的时候，就买了一套注音的《伊索寓言》，我通过看那套注音版《伊索寓言》，学会了很多同龄人都不认识的汉字。等我再长大一些，我父母过几个礼拜就会带我去一次广州购书中心买书，我想看什么书，就问他们能不能买，他们觉得适合我的年纪看的，就会买给我。最感激的是，他们不会限制我的阅读方向，名著我也会看，但老师口中的"闲书"，他们也愿意让我看。我小时候喜欢看一个连载刊物叫《幽默大师》，我读里面的笑话给他们听时，他们也愿意和我一起笑。我买《蜡笔小新》的漫画书回去看，我父母也会和我一起看，然后一起笑。他们并不会觉得漫画书或者"闲书"就对培养我的阅读兴趣或者思考水平没有帮助，反而觉得这些书里面有意思的内容可以提高我的创造力，创造力在他们眼中，是一种极其宝贵的能力。

　　乔：哪些书是你读了，随着时间的流逝却依然记忆犹深的？书在你成长的道路中，起到哪些作用？

　　朱：日本 NHK 电视台著名节目主持人黑柳彻子的著作《窗边的小豆豆》，是我小时候读到的，且到现在一直忘不了的一本书。书中的小豆豆是一个淘气的女孩，被原本的学校退学后来到了"巴学园"。"巴学园"是一个与别的学校不一样的校园，不仅有自由随性的学习氛围，也有独一无二的小林校长。第一次见到小豆豆，小林校长就微笑且耐心地听小豆豆讲了四小时的话。在"巴学园"，孩子们上课可以选择自己喜欢的座位。每天早上，老师会把一天要上的课的重点写在黑板上，孩子们可以选择从自己最感兴趣的课开始上。每天午餐前，小林校长都会问大家有没有带"山的味道"和"海的味道"来……从这本书中，我们可以感受到黑柳彻子女士灵魂中对自由的追求，对世界的好奇和随性的灵魂，也看到了教育的另一种方式。看完这本书，我就希望自己可以到一个像"巴学园"那样拥有自由自在的学习氛围的学校去。在那里，每一个人都可以有自己的个性，也可以发展自己的个性，不会像流水线上的零件，被加工成一模一样的产品。《窗边的小豆豆》可以说让我萌发了想要出国念书的想法，所幸的是，我父母非常尊重我的想法，从初中开始，便把我送去了国际学校，为我的英语和对国际教育的适应打下了良好的基础。更重要的是，我在国际学校自由随性的学习氛围里，并没有失去自己的特色与对世界的好奇心，也培养了敢言敢做、敢质疑权威的个性，成为一个能够独立思考的人。

像我之前所说，读书是一个开阔视野、提高思想高度的过程。书本在这个过程里，就是助我提高批判性思考能力的阶梯，也是一阵清风，吹散眼前的迷雾，让我看到更宽广的世界。就像《窗边的小豆豆》这本书，就为我指明了一条出国留学的道路，它让我明白我真正想要的是一种自由的生活、学习的方式。

乔：澳大利亚同学的阅读量相对于中国留学生的阅读量，有什么不同？你平时每天能够用多少时间读自己喜欢的书？

朱：首先在我们学校，每门课的老师每周都会布置与专业相关的阅读任务。同学们在看完老师布置的文献后，基本上已经头晕眼花没有多少时间再看别的书了，所以不管是澳大利亚本地学生还是海外留学生，在阅读量上应该是差不多的。我的专业平时作业比较多，需要看的文献也比较多，一周大概要看两百多页的文献，所以每天都能读自己喜欢的课外书是不太现实的，真正属于自己的阅读时间大概就只有周末的一两个小时，已经很奢侈了。

乔：有没有好书分享给爱读书的朋友？

朱：我很乐意将海伦·凯勒的《假如给我三天光明》分享给上初中的弟弟妹妹们。这本书前半部分主要写了海伦在遭遇身体上的残疾之后的生活，后半部分则描述了海伦的求学生涯，同时书中也写出了她丰富多彩的生活经历及她所参加的慈善活动等。书中的海伦是一个真实的、有血有肉的人，在经历剧变后，她也和普通人一样，沮丧过、绝望过，用消极的态度去生活，整天发脾气、扔东西、情绪暴躁。但幸运的是，莎莉文老师用爱和耐心指引海伦重新找到了对生活的希望与激情，也重新感受到了生活中来自老师和亲人的关爱。后来，海伦踏上求学之路，以不屈不挠的精神学会了阅读、写字、说话，还掌握了除英语之外的四种外语，以优异的成绩从哈佛大学毕业。推荐这本书，不仅仅是因为海伦这种不放弃、勇于超越自身的精神，更是因为我们从书中看到的是一个真正的人，一个与普通人一样的人，在遇到巨大的打击时，也会崩溃、会生气、会埋怨命运的不公。她并不完美，她也有脆弱疯狂的时候。但是，她又告诉我们，作为普通人，更要勇敢坚强地活着，生活中有太多美好值得我们去为之战斗，海伦战胜了自身的缺陷，站上了更高的高峰，看到了更美的风景。我就是在刚上初中时读到了这本书，希望看完这本书的弟弟妹妹们，能体会到我所体会到的美好，也能感悟到我还未发现的美好。

乔：国外图书馆有没有利用个人手机终端提供个性化阅读服务？

朱：在澳大利亚，由于手机 app 还在上升发展期，图书馆并没有利用个人手机终端提供阅读服务。但是，外国人热衷于使用 Kindle，在澳大利亚 Kindle 里面的电子书在 Amazon 有专门购买页面的，由此可见，阅读对于澳大利亚人是非常重要的习惯。

乔：你是否幻想过未来图书馆的模样？你期望的图书馆将是怎样的？

朱：我想象中和期待的未来的图书馆可能会有智能服务型机器人。比如：每五张桌子划分为一个区域，由一个机器人负责管理。读者看完书离开前，就按一下桌子上的按钮，机器人便会接收到信号赶来收拾书本，扫描封面上的二维码，识别书本原来位置的信息，找到相应的书架及位置，把书本放回原位。这样能及时将看完的书放回书架，方便读者借阅。同时能及时清理干净座位及桌面，不会让桌子上的书堆积成山，让图书馆的座位有更高的使用率。

阅读书目

1.《幽默大师》，1985 年浙江人民美术出版社创刊，2013 年全新改版。

2.《蜡笔小新》，〔日〕臼井仪人创作，日本双叶社于 1990 年 8 月，在《weekly 漫画 action》上开始连载。

3.《窗边的小豆豆》，〔日〕黑柳彻子著，〔日〕岩崎千弘图，赵玉皎泽，南海出版公司，1981 年出版。

4.《假如给我三天光明》，〔美〕海伦·凯勒著，李汉昭译，华文出版社，2002 年出版。

阅读，从图书馆开始！

访 谈 者：乔真，东莞图书馆采编部馆员

被访谈者：李紫薇，95 后

访谈时间：2017 年 2 月

乔真（以下简称"乔"）：紫薇同学，恭喜你考取了美国名校！在大学第一个寒假归国这段时间，你除了放松身心之外，有没有给自己订一个阅读计划？

李紫薇（以下简称"李"）：非常感谢！寒假时间比较短，我没有制订详细的阅读计划，但会看一些感兴趣的书，比如东野圭吾的《解忧杂货店》、村上春树的《1Q84》等。

乔：我曾经看过一份资料，美国的中学生暑假的阅读量一般是二十五本图书，你看到的情况是这样吗？你觉得阅读对学生有什么好处？

李：美国的阅读氛围很浓厚，因为美国政府、学校和家庭都非常重视学生的阅读，很多学校会推出长长的书单给学生，鼓励学生养成阅读的好习惯。美国每个城市都有公共图书馆，我所在的波士顿有非常著名的哈佛大学图书馆和波士顿公共图书馆等，这些图书馆的藏书都非常丰富，每天有很多人泡在里面阅读。而且图书馆的设计都很美观，像波士顿公共图书馆非常有设计感，馆里分为古代欧式风格区、现代风格阅读区、小孩阅读学习角，整个环境让人感到非常的宁静。

让我印象最深和最有感触的是在波士顿、纽约、华盛顿、洛杉矶这些城市的地铁、咖啡厅等公共场所都能看到很多人在认真阅读，这与国内地铁上一眼望去基本是低头玩手机的低头族们形成巨大差异。

美国社会注重孩子阅读习惯的养成。阅读对孩子们拓宽视野、开发潜能、培养创新精神和良好的文化品格都有非常大的帮助。我也呼吁中国的学校和家长注意培养孩子们的阅读习惯，因为书籍能给人带来智慧，对孩子的未来以及国家的未来都有重要的影响。

乔：美国学校很重视课外阅读并且需要学生定期提交读书笔记，你平时读书

习惯做笔记吗?

李：我因为刚到美国不久，还在适应美国的文化和高强度的学习，目前主要以学习学校专业课程为主，每天需要花很多的时间去阅读专业书籍，书籍中有许多的专业词汇和内容需要查找很多资料才能理解。我的做法是将不理解的专业词汇及内容标记起来，待一个章节看完，再去网上或图书馆查找资料，将不理解的内容弄懂，然后将这个章节的内容重新学习一遍，直到真正理解。

乔：平时喜欢利用图书馆读书吗? 为什么? 你去过哪些图书馆读书?

李：在广州读书的时候，我会去学校图书馆、广州购书中心和广州市图书馆，但我去图书馆看书的时间不是很多，我喜欢买书回家阅读或者和同学交换阅读。因为我不断地买书，家里的书好多，在出国读书前，我将很多书送给了有需要的小朋友们。

我曾在广州市图书馆当过志愿者，每当我看到有小朋友或者大人在阅读或者借书的时候都会非常开心，在这个电子产品充斥着人们生活的年代，能来图书馆静下心读一本好书已经是一件非常难得的事情了。

乔：你在美国大学里每周有多少时间利用图书馆? 美国大学图书馆不仅服务在校生同时还服务于所在地周边群众，你在图书馆中能够获取到所有自己想寻找的书和其他文献资源吗?

李：我每周大部分时间都在学校图书馆度过，我的作业和论文需要查找很多资料，所以我必须充分利用图书馆的资源来帮助我的学习。还有一个原因是美国的书籍特别特别贵，我不能像在国内一样随心所欲地买书了，还是国内好。

我们学校的图书馆有写作中心、公共电脑、DVD、咖啡厅等便利设施，很多同学都泡图书馆，学习气氛非常好。每当我写论文遇到瓶颈的时候，就会和写作中心的教授们预约时间进行一对一的沟通与交流，教授会从句型语法到论点与思维方式提出建设性的建议，使我的写作能力和思维能力都得到很大提升。

乔：你觉得什么样的图书馆能够满足你对文献资源的所有需求? 你期望的美好图书馆是怎样的?

李：在大学期间，图书馆里有大量的关于经济、金融等专业性的书籍才能满足我的学业要求。我期望的美好图书馆是有各种类型丰富藏书的、充满艺术感的、环境优美舒适的、智能的、可以进行交互学习讨论的地方，这样的图书馆会令人流连忘返！

阅读书目

1.《解忧杂货店》，〔日〕东野圭吾著，李盈春译，南海出版公司，2014年出版。

2.《1Q84》，〔日〕村上春树著，施小炜译，南海出版公司，2013年出版。

假期周末，去图书馆阅读

访 谈 者：乔真，东莞图书馆采编部馆员

被访谈者：张腾，90 后

访谈时间：2017 年 4 月

乔真（以下简称"乔"）：小张，你在澳大利亚留学八年，在那边利用图书馆学习的机会多吗？去之前，在国内利用过哪些图书馆？相比较而言，你觉得哪里的图书馆利用起来更加便利？

张腾（以下简称"张"）：国外是自主式教育模式，课余时间我会安排一周去三次图书馆。我会利用好图书馆的公共设施以及优雅的环境来复习功课和浏览感兴趣的书刊。出国前，我会常去新华书店和永正书店读感兴趣的书刊来打发业余时间。在我看来，国内外图书馆都有各自的优势。国外图书馆更关注安静、幽雅以及便利，每个人素质都很高，不大声讨论，都很自觉。图书馆楼下有实惠的咖啡店，还给华人准备了很多中文刊物。国内图书馆的优势在于比较多样化，每一层都有不同主题的阅览室。

乔：澳大利亚的学生课外阅读涉猎广吗？你在留学期间，除了完成课业之外，有多少时间读自己想读的书？哪些书陪伴着你度过了异乡的时光？

张：一般而言，澳大利亚本地学生在图书馆阅读的内容还是着重于自身的课业，闲暇之余喜欢健身运动。华人学生在图书馆除了课业相关，更会涉猎各自感兴趣的书刊。基本上各种类型的刊物华人学生都会涉猎，以不断增加自我的学识。国外虽是自主式教育，但是压力很大，一周接近一半的时间在图书馆忙学业，自己想读的书只有完成作业后才会去阅读。更多专业性的书刊陪我度过留学生涯，例如市场学书刊、国际贸易书刊等。

乔：参加工作后还经常读书吗？公司有没有阅读小组？平常有时间会去图书馆吗？

张：回国就业后也会经常去东莞图书馆阅读感兴趣的书刊，因为阅读不仅能学到知识，开阔眼界，还可以陶冶情操。公司暂时没有成立阅读小组，这一点我

会给同事们提提建议,可以自发组织阅读小组。周末以及假期我都会去图书馆阅读。

乔: 除了专业书籍,你平常还会读哪方面的书? 书的来源和途径有哪些?

张: 还会阅读企业成功学、正能量、职场就业、情绪管理、人际关系学等书刊。书有领导和父母送的,也有从亚马逊网站上买的。

乔: 你怎么看阅读这件事?

张: 阅读不仅可以净化心灵、抚平情绪、陶冶情操、增长学识,还可以充实业余时间。去图书馆阅读,目前已经是很多人的兴趣爱好之一了。

乔: 你喜欢的图书馆是怎样的?

张: 图书馆一定要安静,大家要自觉;书刊要归类摆放,整齐干净;有便利实惠的咖啡店;装修要优雅文艺;图书馆附近要有方便的交通设施;图书馆工作人员要耐心解答有关问题;借书流程方便快捷。

从经典名著中汲取营养

访 谈 者：乔真，东莞图书馆采编部馆员

被访谈者：吕荞，90 后

访谈时间：2017 年 5 月初

乔真（以下简称"乔"）：荞荞，先恭喜你，拿到了美国硕士研究生的录取通知书，为你高兴。在大学期间，你去美国做了交换生，能谈谈你在美国读书时，利用那边图书馆的情况吗？与国内图书馆使用有哪些不同？

吕荞（以下简称"吕"）：谢谢您！我在美国做交换生期间经常会使用学校的图书馆上自习和找书，先不谈软件藏书方面，就硬件设施来说，中国图书馆也是存在很大差距。就拿我们学校山东大学图书馆和宾夕法尼亚大学图书馆来比较，宾夕法尼亚大学有好几个图书馆，主图书馆有六层，功能丰富综合，有讨论区（有的配备双屏电脑、黑板，有的配备一台苹果电脑、一台大屏台式电脑），有安静学习区，还有专业的电脑实验室，如金融电脑实验室，在金融电脑实验室里可以得到宾夕法尼亚大学购买的所有数据。图书馆还会开设使用教程方面的课程，比如教授如何使用金融电脑实验室的软件（如 bloomberg）等。图书馆内还设有咖啡厅和饮食区，非常便利。

乔：听你妈妈说，你从小学习大提琴，高考前已经完成了中央音乐学院业余十级的考试，学音乐对你的学业有帮助吗？在兼顾课业和音乐学习时，有闲暇阅读课外书吗？

吕：学音乐的确对读书有帮助。首先是一个放松的途径，我本人是很喜欢音乐的，所以我在练琴时会很享受。其次是转换思维、开拓思维，学习音乐会给人很多灵感，开发右脑，非常棒。其实我们每个人的时间比我们想象得要多，抓紧时间提高效率是可以都兼顾的。

乔：在大学期间，除了专业书、英语之外，你还读了哪些书？

吕：我会看一些专业辅助性书籍，比如《乌合之众》《从 0 到 1》这样的书，也会看一些文学著作像《雾都孤儿》，还会看一些闲书放松。

乔：你每周用于读书的时间大概是几小时？每年有读书计划吗？在列阅读书

目时，你参考的依据是什么？

吕：很惭愧，我用于读书的时间不够多，我正在培养自己每天固定读书的好习惯。读书计划是阶段性的，比如这段时间我发现了一些很有益的书，我会把它们都下到 Kindle 里慢慢看。我的依据基本同上：一是专业辅助性书籍，找这类书时会先考虑经得住时间检验的书，因为我记得村上春树说过：人生太短，须看出版起码超过三十年的书才有价值。我非常认同这句话。二是著名的文学著作，比如《呼啸山庄》《茶花女》，书中的力量、情感是大部分网络小说不能比的。

乔：父母培养你爱好读书有过哪些积极的行动？

吕：在我很小的时候，我爸爸就开始给我念和讲解一些童话故事还有美德书，这极大地激发了我对童话的兴趣，自己主动要求买了全套的《一千零一夜》来看；长大一些，我父母会给我推荐一些书籍，我对历史的兴趣非常浓厚也是他们培养出来的。

乔：你利用的图书馆，哪一座最令你满意？为什么？

吕：应该是宾夕法尼亚大学的美术图书馆，因为装潢非常古典，在里面，我很有学习的欲望。

乔：你期望的图书馆是怎样的？

吕：一是书籍的专业性强、藏书量大，无论是大众的还是小众的书都能找到，二是硬件设施好，最大程度方便读者的学习，考虑到读者喝水、饮食等各方面的需要，三是能将讨论区和安静区分开，给想要安静学习的读者一个空间。

阅读书目

1.《乌合之众》，〔法〕古斯塔夫·勒庞著，戴光年译，新世界出版社，2011年出版。

2.《从0到1》，〔美〕彼得·蒂尔著，高玉芳译，中信出版社，2015年出版。

3.《雾都孤儿》，〔英〕查尔斯·狄更斯著，免费公版书，2012年 Kindle 电子书。

4.《呼啸山庄》，〔英〕艾米莉·勃朗特著，杨苡译，译林出版社，2010年出版。

5.《茶花女》，〔法〕小仲马著，郑克鲁译，译林出版社，2011年出版。

6.《一千零一夜》，纳训译，人民文学出版社，1994年出版。

造型别致的图书馆吸引人入内读书

访 谈 者：乔真，东莞图书馆采编部馆员

被访谈者：胡涂，85后

访谈时间：2017年9月中旬至10月中旬

乔真（以下简称"乔"）：小胡，你好！你在南昌出生并成长，在南昌利用过图书馆吗？什么时候对图书馆有美好印象？

胡涂（以下简称"胡"）：我在南昌读到高中毕业，记忆里没怎么去过城市里的图书馆，学校附近的书店倒是经常去。学校的图书馆去过，但是时间不是很多。经常去图书馆是后来读大学和硕士的时候，觉得图书馆是一个可以让人静下心来的地方，虽然埋头苦读的时候也很累。

乔：在瑞士留学期间，你常利用学校的图书馆吗？你觉得瑞士大学图书馆与国内你利用的大学图书馆有何异同？哪个图书馆给你提供了更多便捷的服务？

胡：我在瑞士的学校很小，不像中国的学校。在那里图书馆是为数不多学生可以自习的地方。我觉得国外和国内的图书馆之间比较大的区别可能是建筑设计方面。国外的图书馆造型比较丰富有个性。服务上其实二者都是一样的，满足大家对知识的需求。

乔：留学归来之后，你选择了在上海工作，上海图书馆是国内公共图书馆的楷模，很多服务都做得细致入微，你有上海图书馆的借书证吗？享受过上海图书馆丰富的馆藏吗？

胡：我没有特意去图书馆借书的习惯。有想读的书我会选择直接在网上购买，或者在Kindle上看电子书。

乔：你在瑞士驻上海总领事馆工作，是否觉得外国同事比中国人更爱阅读？同事之间会分享阅读体验和资讯吗？

胡：我觉得外国人和中国人对阅读的热情是一样的。中国人用手机阅读比较多，在网上看各种小说漫画也很多；外国人更偏好纸质书。我们同事之间以沟通工作为主，除了工作，大家都有自己的私人安排，也比较忙，因此没有时间交流

这方面的事情。

　　乔：你回东莞探亲期间会安排时间到图书馆吗？

　　胡：我回东莞时间很少，基本上不会去图书馆。

　　乔：上海上下班乘公共交通耗去很多时间，你通常利用这段时间做什么？在地铁车厢中常看见乘客手捧纸质书吗？在国外留学期间，乘长途火车或飞机时，乘客中看书的人多吗？

　　胡：我比较幸运，单程通勤时间只需要半小时。地铁上看纸质书的人比较少，看手机的人比较多。在国外确实会有更多的人在长途旅行时看书。

　　乔：你喜欢的图书馆是什么模样的？

　　胡：应该是贝聿铭设计的肯尼迪图书馆那样，既有历史的承载，也有现代的印记，建筑风格精妙而且主题引人入胜，不仅仅是一个藏书的地方，而且是一个讲故事的地方。希望有一天能去波士顿亲眼看看。

　　乔：希望你有一天梦想成真，能够坐在肯尼迪图书馆读书，如果跟着图书馆去读书，你可能会被许多图书馆吸引。东莞图书馆有专门的图书馆建筑藏书和画册，在这里，你会发现，图书馆是别有洞天的一方知识乐园，你能够感受到人类认识世界和自身的全部努力过程。

感恩父母让我爱上阅读！

访 谈 者：乔真，东莞图书馆采编部馆员

被访谈者：朱思齐，90 后

访谈时间：2018 年 2 月初

乔真（以下简称"乔"）：你第一次进图书馆是在什么时候？

朱思齐（以下简称"朱"）：大约是在五六岁的时候，那时东莞图书馆还在人民公园旁边，妈妈去还书，进去之后，感觉很厚重，那些老旧的书，很有年代感，很有文化积淀。当时还不会借还书，只是进去看了看。我上小学、初中时，经常来这个图书馆，在这里做作业或看书。

乔：你去得最多的图书馆是哪座图书馆？

朱：一个是东莞图书馆，一个是我在美国留学时的图书馆。我印象最深的一句话，就是我留学的那所大学图书馆门前刻的一句话：真理应该使你自由！这句话正好对应了那句话：知道得越多，才知知道得越少。这句话激励自我去学习更多的知识，去认识这个世界。

乔：你利用最多的这两座图书馆，它们各自的优势是什么？

朱：东莞图书馆有一个专门的报刊阅览室，这个我在国外大学图书馆没见到过。这个阅览室也几乎伴随着我的童年和青少年，记得那时，爸爸常常带我到图书馆，我去旁边的儿童阅览室自己看书，爸爸就去报刊阅览室，我们各自看自己的，约定时间，再到大堂会合。

美国的大学图书馆，我最喜欢的是那里有很多间小小的研讨室，大约四平方米左右，可以坐两个人，有的稍大一点，可以坐四到六个人。需要安静的时候，可以坐在一个与外界隔绝的小空间内很安静地学习，感觉非常好。还有就是，大学图书馆给不同需求的人提供不同的选择，我的同学中有的人很喜欢在图书馆大阅览室中学习，他们喜欢很多人坐在一起专注地看书，偶尔身边有一些人无声地走动，感觉既不乏味又能激励自己更努力地看书。

美国大学图书馆不同载体的文献资源区域划分非常明确，你到任何区域都能

够找到自己需要的资料，这个让人非常满意。几乎所有的人，都能够在图书馆找到自己需要的资料，非常棒的感觉。

乔： 美国的大学图书馆都对社会开放吗？

朱： 不是所有的大学图书馆都对社会开放，一些私立大学图书馆进入需要刷卡，公立大学图书馆的确都对社会开放，我就读的大学是一所公立大学，是对社会开放的，我常在里面看见一些流浪汉在看书或使用电脑。

乔： 每个人的文化需求的权利能够得到基本保障和尊重。国内杭州市图书馆曾经有读者嫌弃流浪汉到图书馆看书，找到图书馆馆长，要求请流浪汉出馆，馆长回复："我没有权利赶流浪汉走，但是你可以选择换一个地方阅读。"

美国公共图书馆定期给流浪汉施粥，像纽约皇后图书馆会在特定的日期专门给流浪者提供免费食物。

朱： 这一点非常好。的确，流浪是一种生活方式，但是不能因为他是流浪者，就失去所有的权益。美国这方面的做法跟他们的历史和社会人文因素有关，人与人的基本权利是平等的。不过，对杭州图书馆提要求的读者，我觉得也是可以理解的，他更在意自己的阅读体验。对于馆长，他顾及的是所有读者平等的阅读权利，希望更多的人能够享受阅读，对于两方面，我都可以理解。

提供免费食物的事，我还不知道，我在美国留学的大学图书馆在每个学期临近考试时，总会准备一些零食、咖啡之类的提供给学生，可随意免费获取，好像也没看见流浪汉取食。美国的流浪汉好像不是那么在意吃的，他们似乎选择的是一种生活方式。

乔： 爸爸、妈妈喜欢看书吗？

朱： 喜欢，特别是爸爸，我觉得他是我的一个楷模。因为这个时代，能够分散注意力的东西实在太多了，玩乐的方式也很多，可是爸爸一如既往地喜欢读书，而且他可以做到不为外界所动，这一点很了不起。我有时就会被手机分散注意力，可是爸爸不会，他总是与书为伴。如有时我们家有一些短途旅行，他每次也会带几本书，而且他还会督促我："你这次外出会带哪些书啊？"

现在，周末一般他会在阳台上看一个下午的书。

乔： 妈妈给你推荐过什么好书吗？

朱：有，她虽然不像爸爸那样喜欢看书，但是，在我小时候，启蒙教育都是妈妈负责的，我记得小学时，妈妈送了"哈利·波特"给我，暑假最快乐的时候，就是泡在浴缸里看"哈利·波特"，一看就忘记时间，常常是爸爸、妈妈敲门看我在干什么，那套"哈利·波特"封皮都被浴缸中的水泡坏了，因为看着看着，入了迷，书就会不自觉地往下沉，书的外面几页就会浸泡在水中，也是那套书让我爱上了课外阅读。那套书不知道看了多少遍，几乎所有童年的快乐都跟这套书有关。

妈妈现在有时会被手机分散注意力，现在她还是喜欢看书，前两天她还让我帮她下载电子书到她的 Kindle 里，她出差的时候会带上，在旅途中看。

乔：爸爸给你推荐的最有意思的书是什么书？

朱：爸爸从小就教我看地图，这个我认为是最有用的。在我很小的时候，那个时候还没有导航，一家人开车自驾游，爸爸总是带着地图。到现在，我自己开车时，才知道爸爸教会了我一种非常有用的能力，他让我知道无论去哪儿旅游，首先了解当地的风土人情、地形地貌、气候等有关人文、地理方面的知识，这让我对一个地方了解得更全面、更深入，而不是仅仅只是去过，感觉受益更多。

乔：爸爸常带你去书店吗？

朱：小时候他经常带我去书店，再大一点儿，就送我到图书馆，每次接我的时候，他自己也会在图书馆看一会儿书再走。

乔：一家人会一起分享好书吗？

朱：会。我看了一些好书会拿出来给他们看一下，以前很小的时候，我自己喜欢的绘本，每次都会拿给爸爸看，那时以为，我喜欢的东西，爸爸一定会喜欢。

最近，爸爸给我推荐了习近平的《之江新语》，他给我推荐了很多书，厚厚一摞，我也经常会看一些，但还没有看完，现在正好在等英国大学硕士研究生的 offer（录取通知），我想慢慢把那些书一本本地看完。

乔：你爸爸在政府部门做领导，而且是从基层一步步走过来的，他对习近平作品的研读和理解与你会完全不一样，他对现实社会存在的问题及其深度也会了解得更透彻一些。

朱：这个倒是，不过我也认为趁现在年轻先从文字上多了解一些，等以后有了一定的社会实践之后再看一次，可能收获会更多，体会也会更深一些。

乔：这个的确是。家里除了爸爸、妈妈以外还有一些什么亲戚、朋友喜欢看书？

朱：舅舅一家也很喜欢看书，他们之前还获得了东莞市读书之家的奖项。不过，受影响深、分享图书最多的还是爸爸、妈妈。

乔：当然，爸爸、妈妈是身边最近的人。

朱：而且最重要的一点，我说读过的书的感受时，他们很愿意听，这个很重要。

乔：爸爸、妈妈从小就比较尊重你，把你作为一个独立的个体来看待，这个的确很重要，他们对培养你独立的思考能力和独立人格起到很好的作用。

朱：是的。

乔：你平时喜欢看电子书还是纸质书？

朱：可以选择的话，我还是喜欢看纸质书。不过，在美国读书时，书非常贵，我就在网上花二十美金买了一个二手的Kindle，方便下载教材，一些重要的内容我会到图书馆打印，看纸质书很有质感，便于思考，也方便在上面写写画画，但是打印费很贵，所以，有时也会看电脑上的电子书，虽然电子书也可以做笔记，但感觉还是纸质的更好。

有时，也是为了适应社会趋势的一种变化，也会有意识地读一些电子书。

乔：也是，毕竟纸质书迟早会退出历史舞台。

朱：我觉得纸质书不一定会退出历史舞台，毕竟大部分人还是习惯于读纸质书。作为一种载体，纸质书的确不像电子书信息量那么大，携带的便利性也弱一些。

乔：会，一定会退出历史舞台，只不过时间长短的问题。我们这一代，还有你们对纸质书会有依赖，下一代人就不一定了，大量的数字化知识产品的出现，加上对环境的负面影响，都是纸质书退出阅读市场的可能催化因素。电子书对视力的损坏还是比纸质书要厉害一些。

朱：对。可能00后这些小孩，他们成长过程中，接触多媒体的机会更多，有可能会更加喜欢电子书。

乔：还有一些计算机专业的人，他们每天与机器为伴，早已习惯了电子阅读，我的一些同事就是这样，他们认为电子书与纸质书没什么区别，电子书还方便携带，具有纸质书没有的优势，读一些英文原版书时，电子书可以直接切换词典的功能，纸质书就没这么便利。

　　朱：这个的确是。纸质书的保存、维护也是一个问题，时间长了，书页会泛黄，纸页会变脆，还占据很大的物理空间。

　　乔：但是从另一个角度来看，正是它占据物理空间的特性，才使得它能够营造一种独特的文化氛围。你想，走进一户人家，一屋子的书会很吸引人，你会感觉一种书香气息扑面而来，可是如果你到一户人家，他家没书，就放了几部Kindle和一台电脑，你无论如何也感觉不到一种文化的厚重和积淀，不会有一种学养深厚的感觉。

　　朱：这的确是。

　　乔：到现在为止，我还是比较排斥电子书，如果有纸质书，决不看电子书，不得不看时，一些重要的内容，我还是会把它打印出来，总感觉电子书影响思考的深度，而且一些细节方面的问题、错误的东西，你看电子书时，根本就看不出来，但是纸质的就不一样，它能够让人很快进入深层思考的状态。有些书不一定需要思考的，比如：读一些优美的散文，翻纸质书时，你可以对其中美好的文字反复看、反复斟酌，可是看电子书时，就缺少了这种韵味。

　　朱：是的，电子书没有手捧纸质书翻页的质感。还有一些书，从薄翻到厚，一种读完一部大作品的成就感，电子书无法给予。

　　乔：之前我还以为自己属于比较老派的，看来喜欢纸质书的嗜好与年龄没太大关系。

　　朱：是没太大关系，还是取决于个人的阅读习惯。

　　乔：你现在已经大学毕业了，读书的习惯已经养成。在你小时候，爸爸、妈妈在培养你爱上阅读时，有没有在寒暑假时为你制订一个阅读计划？

　　朱：读书方面他们的确没有花费太多的精力，独生子女也没什么太多的娱乐方式，寒暑假在家，还有平常放学后，基本上就是看书，好像除了看书没有更好的消遣了，加上他们自己也喜欢看书，就形成了读书的习惯。

　　制定阅读书单，大概是在小学高年级和初中的时候，语文老师会布置一些阅读书目，而且要求写读后感，这些都有助于培养好的读书习惯，因为小朋友的自觉能力不是很强，那个时候觉得一些文学名著晦涩难懂，但是老师要求必读，就硬把它读了，这些强制阅读的教育，对成长是很有帮助的。

乔：回头看时，发现被强制阅读那些名著收获很多。

朱：是的。它对成长中的我的世界观的塑造起到了很正面的作用。

乔：那是，名著对人性、社会揭示得深刻、透彻又全面。你的朋友是不是都是喜欢读书的？

朱：那倒不是，各种各样的朋友都有，有的是能够分享一些琐事的，有的谈论着装，当然，如果碰见一个朋友，我们共同都读过一本书，各自谈自己的见解，会有一种特别愉悦的感觉。

乔：你想象中什么样的图书馆是好的？

朱：功能划分明确，电子媒体利用便利，可安静阅读，也有和几个朋友在图书馆分享学习心得、研讨的场所，图书资料分类管理完善，读者能够快捷、便利地找到自己的所需，还有图书馆的座椅不要太舒适，以保证读者在图书馆读书时能够更好地保持一个更饱满的精神状态。

乔：你现在描述的这些图书馆的功能，当今大的图书馆基本都具备。如果面向未来的话，你的设想是什么？

朱：我希望未来的图书馆能够对同读一本书的读者进行读书过程中脑电波的变化进行跟踪和分享，找到与自己有共鸣的读者，那种体验和分享会非常奇特。当然，这种脑电波跟踪，需要征得读者本人的许可，而不是图书馆利用先进的设备对个人隐私的非法入侵。现在已经很好，微信读书也给爱读书的朋友们提供了一种分享阅读的体验。

乔：是啊，现代科技的发展的确给人们的阅读带来了很多过去从来不曾有过的新的体验。我的一个朋友有过这样一个经历，她和他的朋友通过网络结识，她的朋友是计算机专业的，然后他就进入她利用的图书馆借阅系统，将她曾经借过的书名录全部调了出来，然后一本本地去读。我觉得这种经历非常奇特。

你在美国待了两年，就你看到的，中美两国人对于阅读有什么不同吗？

朱：我觉得美国比较好的一点是，每当天气好的时候，学校草坪上就有很多人拿着书躺着、坐着，各种姿势晒着太阳读书，让我感觉非常好，觉得这就是学校应该有的样子。现在越来越多的中国留学生也会这样做。

一个朋友去追踪一个人的阅读经历，也就是去寻找她的精神路程，这种交往的确很棒，很浪漫，也很奇特。

国内大学图书馆的软硬件相对于美国的大学图书馆的软硬件还是相对比较弱一些，可能国内大学图书馆获得政府资金资助还是比较有限，也有可能大学生不像以前的学生那么喜欢读书，所以图书馆的资金投入也受到了一定影响。

乔： 我之前还不知道这种阅读方式曾经在日本发生过，大概与我的阅读量有限有关，直到去年我读了一本法国小说《图书馆之海》，里面有一个中篇，写两个日本学生，就有这样的经历，一个女生在图书馆借书时，在书后的借还书期限表中看见一个特别的名字，然后就在图书馆中找到所有那个读者曾经读过的书，然后去结识他。感觉这样的友情非常好。

你感觉美国大学的学生读书氛围更浓一些。你在美国长途旅行时，是否感觉美国人都会利用旅途时间读书？

朱： 相对来说，是这样的。我在美国没有乘火车旅行的经历，乘飞机时，的确很多外国人都在看书，但是很多留学生也在看 Kindle，我觉得毕竟中国人口太多，浓厚的全民阅读习惯还需要一些时间来养成。

阅读书目

1.《哈利·波特与密室》，〔英〕J. K. 罗琳著，马爱新译，人民文学出版社，2000 年出版。

2.《哈利·波特与火焰杯》，〔英〕J. K. 罗琳著，马爱新译，人民文学出版社，2001 年出版。

3.《哈利·波特与混血王子》，〔英〕J. K. 罗琳著，马爱农、马爱新译，人民文学出版社，2005 年出版。

4.《哈利·波特与死亡圣器》，〔英〕J. K. 罗琳著，马爱农、马爱新译，人民文学出版社，2007 年 10 月出版。

5.《哈利·波特与阿兹卡班囚徒》，〔英〕J. K. 罗琳著，郑须弥译，人民文学出版社，2009 年出版。

6.《哈利·波特与凤凰社》，〔英〕J．K.罗琳著，马爱农、马爱新、蔡文译，人民文学出版社，2003 年出版。

7.《哈利·波特与魔法石》，〔英〕J．K.罗琳著，苏农译，人民文学出版社，2000 年出版。

8.《之江新语》，习近平著，浙江人民出版社，2007 年出版。

9.《图书馆之海》，〔日〕恩田陆著，现代出版社，2011 年出版。

在东京，为顺畅利用图书馆而努力！

访 谈 者： 乔真，东莞图书馆采编部馆员
被访谈者： 邹畅，95 后
访谈时间： 2018 年 3 月下旬

乔真（以下简称"乔"）： 你到东京多长时间了？日本的建筑物中图书馆是不是最醒目的？外观美的地方更容易吸引人进入，你有同感吗？

邹畅（以下简称"邹"）： 我到东京已经五个多月了，老实说，还真的没有去过图书馆。在我看来，大多建筑物外观漂亮的还是美术馆和博物馆。

乔： 你比较关注博物馆可能跟你在国内大学所学的专业有关。2010 年暑假，我和女儿参加旅行团到日本本州岛旅行了六天，在京都时路过京都图书馆，建筑外观比较朴素，因为是跟团，没有机会走进去看看，不过我在图书馆专业刊物上了解到日本公共图书馆对读者都很尽职尽责。

邹： 以我现在的语言能力还不能在图书馆很熟练地找到自己所学专业书籍并顺利阅读，所以到了几个月，一直没有到图书馆去。

乔： 你在国内读大学时利用图书馆多吗？在东莞利用过东莞图书馆吗？

邹： 在大学时，去图书馆的时间很多，经常去借一些书带回宿舍看，写论文时也经常查资料。初高中时经常去东莞图书馆，尤其是寒暑假，经常整个下午都在图书馆看书。

乔： 日本语言学校没有图书馆吗？日本的公共图书馆内应该也有帮助外来者学习语言的场所，你可以去找找看。

邹： 是啊，我在国内对日本的情况了解得不太多，如果在国内把一些必要的入学考试证考了再过来，就可以直接申请入学了。我现在用的很多专业辅导书都是国内带来的，都是日、汉双语版。现在完全看日语版的书，不像看中文书理解得透彻，对于书中一些特定的小情绪理解得不能很到位，中文书能够帮助我更好地把握这些难点。

乔： 日本的创新能力仅次于美国，位居世界第二，知识产权保护制度也比较

完善，新书都很贵，听说你经常去二手书店淘书，图书馆的书免费，你干吗不去利用呢？

邹：嗯，以后肯定会去图书馆，比如写论文的时候，需要借一些书回来看。我的一个朋友是学美术的，我们就会经常有意向地去二手书店看一些非常精美的画册，那些书都非常贵，在二手书店有时可以很便宜买到。

还有一些书，先看了电子书，非常喜欢，就很想拥有，图书馆的书只能借，所以就会到二手书店去买，拥有自己喜欢的书，那种感觉非常好。

日本人做事情很喜欢做到极致，书都做得非常精美。有时和朋友一起逛文具店，经常会为一些小物品绝妙的设计发出惊叹：连这个都做得这么好！如：一个书签，他们能做成多功能的，我们可能一片小纸就是书签了。

日本人有一个很好的习惯，我很想学习，他们喜欢记手账，每个人都有一本，每个文具店都有一大片区域专卖各种手账，每天的、每周的、每月的、每年的，很精细。虽然现在手机都有备忘录功能，可以记录每天的行程，可是我还是很喜欢纸质的手账，每天要做的事情一笔笔手写记下来，随身携带，事情一件件完成，那种感觉非常不一样。

乔：能够理解你这种爱书的情结，喜欢的书，拥有后有一种幸福感，每次想看的时候，随时可以随手翻翻，感觉很惬意。像你这么喜欢纸质的东西，平常看书，是不是也更喜欢纸质书呢？

日本人的精致体现在各个方面，的确，在世界上很少有其他民族能够超越他们。

一个小孩子从小就学会管理自己，用手账来安排一天的事项、一周计划、一年规划，乃至人生，的确很了不起。

英国 *Monocle* 杂志综合安全度、城市建筑、公共交通、环境问题等进行考量，发布的 2016 全球最宜居城市 TOP25 排名中，东京连续两年获得冠军，你在东京居住是否感到东京是一个宜居城市？你觉得东京跟你之前熟悉的城市相比较，它的优势在哪里？

邹：我还是挺喜欢东京的，它跟我想象的也差不多，但是东京的节奏还是比较快，生活在这里的上班族压力也很大，他们走路的脚步都很匆忙，五个月的时间还不能确定它就是最宜居的地方。从安全性来看的话，的确是这样，在东京，走进麦当劳，我和朋友可以把手机或包放在座位上然后排队去点餐；坐电车时，手机可以很随意地放在外套的衣袋里，在其他地方绝对不敢，毕竟冬天的厚外套口袋很容易被有恶意的人顺手摸走手机。在东京就很放心。

如果不到池袋、新宿那些特别繁华的地方，东京还是很舒适的，环境很好，我特别喜欢居民区的一些小巷子，晚上散步时，很安静，人也很容易静下来。东京有很多美术馆、博物馆，还有很多可爱的咖啡店，坐在里面的人都很安静地看书，小声聊天，做自己的事。

嗯，我喜欢看纸本书。电子书有点儿看不下去，一个是比较费眼，还有一个就是在手机上看电子书，一个消息发过来，就会被打断，不容易静心。

乔：日本的公共场所很少会比较喧闹、嘈杂，日本人克己、自律，不愿意给别人带来麻烦，很怕打扰他人，大都注重社交礼仪，这方面在日本的感受是比较好。你除了在咖啡馆看到有人读书，其他公共交通工具上读纸质书或电子书的人多吗？

邹：在电车、地铁上读书的人都特别多，日本很多车站都有书店和便利店，有一种文库本图书，很小，就像手掌一样大小，纸张也不像精装书那么好，方便携带，价钱也很便宜，很多人就在上车前在便利店就可以买到，然后用自己用布做的封套包着在电车上看，书都保护得很好。

乔：他们是不是大多在看一些轻小说之类的读物，在车上看完之后，下车就随手扔在垃圾箱？那个包书的封套还有一种保护阅读私密的功能。

邹：车站的确有专门的分类垃圾箱装报纸和书，那么爱护书的人，下车就丢掉，应该不至于吧。日本的文库本图书一般有两个版本，精装本的非常贵，也不方便携带，所以口袋书的文库本很受大众欢迎。哈，保守秘密，这个可能是的，之前还没想到。

乔：你喜欢的图书馆是什么样的？

邹：建筑外观不一定很现代或古色古香，但是要风格统一，里面要干净、整洁、安静，然后希望座位多一些。

乔：这样的图书馆应该在身边就可以找到，也希望你能够早日畅游东京的图书馆。

志愿者乐园

阅读，随时随地

访 谈 者：乔真，东莞图书馆采编部馆员

被访谈者：林楚楚，90后

访谈时间：2017年3月中旬

乔真（以下简称"乔"）：你好，林老师！你怎么会想到来图书馆做公益课培训老师？对图书馆有什么特殊情结吗？

林楚楚（以下简称"林"）：你好，乔真。其实以前一直想着可以有机会到乡下支教，但苦于没有途径，一直没有实现。这次也是很偶然的机会，从朋友那儿得知图书馆在开展公益课的培训活动，我本人特别赞赏这样的公益活动，所以趁此机会参与其中，贡献自己的一份力量。跟别人一起分享自己所学知识的感觉特别好，就像跟大家一起分享一块蛋糕一样，蛋糕的价值因为分享而升值。

图书馆是个神圣的地方，每次徜徉在书海中，就觉得自己特别富有。久不读书，就会觉得生活单调而贫瘠，时不时需要到图书馆去充充电。

乔：图书馆在你的生活中重要吗？你通常多久来一次图书馆？每次来都借书吗？

林：我本人非常喜欢阅读，喜欢接触各种类型的书，图书馆给了我这样的阅读机会。之前一有空闲，我每个周末都会去图书馆看书，有时也借书回来看。

乔：你是成长在侨乡福建泉州吗？你的家乡读书氛围浓厚吗？小时候从几岁开始接触阅读？阅读给你的成长历程带来了哪些快乐？

林：是的，我是福建泉州人。我的家乡读书氛围浓厚，大家都很重视学习，也尊重有学识的人。虽然小时候识字起就开始接触阅读了，但那时候家里最关注的是温饱问题，阅读的书很有限，最开始是哥哥还有邻居哥哥们手头的金庸、古龙的小说。那时候身边能找到什么书，都会拿过来津津有味地看。童年时，好像假期都很长很长，而这些书都是打发漫长假期的很好的选择。再后来也开始接触很多国内外的名著，一点点地通过书来了解那些我从来不曾到过的国度，也会从阅读中慢慢体会不同文化的差异，体会不同领域的乐趣。阅读，让我有很强的空间想象力，也让我深深地感受到世界的美妙，感受到文字的伟大之处。有句话说，你的气质里隐藏着你读过的书和走过的路。这话我是相信的，读过的书、走过的路，或多或少影响着我们的思想，也或多或少在我们的言行举止中流露出来。

我自己深知阅读的益处，也深知阅读对孩子成长的重要性。所以，也在家里筹备成立了一个小小的家庭图书室，收集各种类型的书，让小朋友们随手都能接触图书，随时能进入阅读。

乔：你的专业是日语，你是不是读了大量的日语原著？从中有哪些获益？

林：我的专业是日语，还有会计。但是因为对语言的热爱，让我选择从事跟日语相关的工作。其实我本人读日语原著还是比较少的，读过一些现代作家的散文，更多的是一些推理类的小说。当然，其实接触最多的是日本的动漫。从这些接触中，可以对日本有一个更加客观的认识。对他们的人文地理、思想文化、风俗习惯等会有更多的认识，可以说，这就像一扇又一扇的窗户，让我们看得更多。当然，也是从这些阅读中，我可以学得更多的词汇，有助于对日语本身的学习。

乔：你常出差吗？出差中你会不会带书？

林：我算是比较少出差，一年一次至三次，出差的旅途中我都会带一两本书在身上，方便随时阅读。有时候也会直接在机场的书店买一些畅销书，比如心理学的书，或者是教女孩子如何更优雅地生活的书，又或者是小说，等等。阅读，不局限于何处，也不局限于书的类型。

乔：你平常读电子书多，还是纸质书多？哪种阅读方式更适合你？

林：我几乎没接触过电子书，更多的是纸质书，虽然电子书更环保，但还是会有纸墨香的情结在。就个人而言，纸质书更适合我。

乔：你为自己制订过阅读计划吗？

林：是的，肯定是制订过阅读计划的。比如说，在多少时间里要看完哪些书。但我本身是比较随性的，很少可以完全照着计划去执行，特别感兴趣的书，可能花几小时就看完了，还会去翻第二遍、第三遍，甚至更多。但比较难懂无趣的书，就常常是脱离原定计划的。

乔：你觉得好的图书馆是怎样的？

林：以前接触的都是学校里的图书馆，一直以为图书馆就是个可以借书阅读的地方，而一个好的图书馆，肯定是要藏书丰富、资源丰富的。接触了东莞图书馆，才知道，原来图书馆还有很多别的功能。为市民开展各种公益培训课、公益讲座、画展，等等，通过各种形式来为市民提供阅读的便利，为市民提供免费的学习机会，充分带动了市民学习的积极性。我想，这就是我想要的好的图书馆。

最爱图书馆阅读风景线

访 谈 者：乔真，东莞图书馆采编部馆员

被访谈者：刘志江，80 后

访谈时间：2017 年 9 月上旬

乔真（以下简称"乔"）：你是东莞图书馆万江图书分馆的阅读之星？一年在图书馆借了多少本书？

刘志江（以下简称"刘"）：我是 2011 年和 2012 年连续两年获得万江图书分馆读者之星，这两年每年均借阅二百多本书，后来，因为我对阅读的兴趣越来越浓，我每月基本阅读数量保持在 20~30 本书（包括借阅和在馆阅读），2016 年是我的阅读生涯高峰，全年阅读超过五百本书。

乔：你读过哪些心理学方面的书帮助你改善日常行为，建立良性的人际关系？

刘：我喜爱阅读心理学方面的书籍，这跟我研究有关少儿心理发展方面的专题有关，我读过心理学书籍包括《人体情绪使用手册》《志愿服务心理指南》《和平心理学》《幸福心理学》《今天你可以不生气：让你快乐每一天的心理学智慧》《人人都有病：图解人格障碍》《心理咨询与治疗实务》，等等。我感觉心理学真是很实用和有见地的学科，我邀游在心理学知识海洋里感受到许多奥秘和喜悦。

乔：你有孩子吗？你如何避免孩子留恋电视机？用什么方法培养孩子爱上阅读？

刘：暂时没有，但我注意到孩子过多看电视这个问题，我感觉可以运用正面管教的家庭教育理念，约定孩子在小段时间内收看电视，当然这也是先让孩子把当天的作业好好做完，然后让孩子参加一些有益健康的体育游戏或者自然活动后的一种奖励，这样做的好处是第一不让孩子沉迷于电子产品，第二能很好地保护孩子的视力，我希望孩子们都能健康快乐地成长，这也是我研究少儿心理发展及教育的初衷。

乔：东莞有哪家咖啡厅适宜阅读？你的阅读行为都是在家进行吗？图书馆阅

读、家中阅读、咖啡厅阅读、书店阅读，你更享受在哪种场所阅读？为什么？有哪些书适宜在以上四个场所阅读？

刘：我比较喜欢东莞图书馆内永正书店里的咖啡厅，因为这里本身就是书店，难得在书香中释放自己，配一杯适合自己的咖啡，合二为一，做一个有咖啡香味的书迷，挺享受的。我现在在家阅读的时间少了，因为家里不是单单一个人的空间，难免互相打扰，后来我感觉在图书馆里阅读更有趣味，更加专注，我把图书馆当作一个最好的表现自我的读书空间，这里的读者都是喜爱读书的，由于喜爱，形成具有巨大阅读能量的气场，大家在这种气场下释放自己、充实自己，哪里都比不上这里的阅读氛围。我感觉家里适合阅读亲子共读、烹饪、手工、生活、散文等方面的休闲书籍，而图书馆和书店阅读一些专业书籍挺不错的，咖啡厅就比较随心所欲了，因为咖啡厅的气氛很放松，能提高人们对阅读的好奇与专注。

乔：日常生活中的你遇到侵权行为时，你是得过且过还是到图书馆或利用网络查找维权的法律依据？

刘：我平时也喜欢看有关日常生活的法律电视节目和相关书籍，我感觉现在懂法很重要，只有人人懂法守法，社会才能更和谐，现在东莞图书馆就能创造很有利的条件给广大读者，我如果遇到侵权行为，当然要用法律好好保护自己，但是我还是觉得只要做好自己和享受宁静平凡的生活，随之而来的麻烦将大大减少。

乔：生产假货的人不会因为你的宁静而停止他们的恶行，钻法律空子的坏人不会因你做好自己而停止作案。你在"名著阅读"群中读过哪些书？这个群体吸引你入群的原因是什么？

刘：我读过《水浒传》《三国演义》《黄帝内经》《论语》《弟子规》《童年》等名著，我发现"名著阅读"群里有许多不断从名著吸收养分的粉丝，他们天天一起共读名著，一起研究名著，还向大家推荐心中认为比较好的名著，虽然这样的群组算不上是高手云集的学府，但有这种积极学习和细心欣赏名著的精神，大家找到的是一种来自文学滋养的高尚的快乐，我想我会跟此群体中的每位同学一起继续修炼下去，力争做一个有崇高素养的公民。

乔：你读过《机器学习》这本书吗？请分享一下这本书的主要内容。同类的书你还读过哪几本？

刘：我读过一小部分内容，以及一些关于这本书的一些书评，我现在还未深入研究这方面的内容，但我已经开始关注这类书。我感觉21世纪是机器革命的重要年代，东莞也出现许多关于机器人的高科技产业，这是一个很好的发展趋势，人类利用机器可以做更多事情了。机器学习是一门多领域交叉的学科，涉及概率论、统计学、凸分析、算法复杂度理论等多门学科，它是人工智能的核心。机器学习专门研究计算机模拟或实现人类的学习行为方式，以获得新的知识或者技能，再组织成为从已有的知识结构中不断优化自身的性能。机器学习是一门人工智能的科学，该领域的主要研究对象是人工智能，特别是如何在经验学习中改善具体算法的性能。这里的机器主要是指计算机，现代的机器学习应用非常广泛，涉及数据挖掘、计算机视觉、自然语言处理、生物特征识别、搜索引擎、医学诊断等多个领域，本书从机器学习的研究意义和发展史入手，进一步剖析机器学习的分类和研究领域，逐步深入，令人彻底理解机器学习的精髓，特别建议大家读一读这方面的书籍，因为要配合现今的高科技智能化产业发展，为自己提供一个更广阔的发展平台而做准备。我打算接下来看一些《大数据挖掘与机器学习》《机器学习导论》等同类的图书。

乔：你参加东莞市莞城图书馆"2017故事人"进阶工作坊培训是准备加入图书馆少年儿童部或少年儿童图书馆志愿者行列吗？

刘：是的，我一直都在做有关图书馆的义工工作，我的服务地点除了东莞图书馆，还有莞城图书馆分馆、万江图书馆分馆（内设东莞第一家东莞绘本馆），这些是我利用自己的空闲时间去做的，建议家长们也可以体验一下这样有意义的志愿者工作，可以在忙碌的工作之余，给自己和孩子们一个放空心灵、快乐自己的时间。

乔：在你的朋友圈中看到你比较喜欢音乐，除了流行音乐之外，你在图书馆借过古典音乐家的传记和CD吗？

刘：我借阅古典音乐家传记方面的书比较少，但有时会在馆内阅读这个类型的书籍，我看过有关贝多芬等一些非常著名的国内外音乐家的自传和故事集，有时候也会在网上找一些古典音乐听听，特别是我喜欢的莫扎特音乐和古典音乐会演奏视频，我每次都听得很陶醉，觉得这些古典音乐可算得上是世界音乐的一笔财富，它非常绚烂精彩，引人入胜。

乔： 你理想中的图书馆是什么模样的？

刘： 我理想中的图书馆是一个可以利用电子和机器技术应用的人工兼智能化于一体的大型图书馆，用智能系统取代人工的找书功能，提供更加舒适的图书馆应用领域。我还希望能够与现代高科技的机器人进行交流，进行机器人图书馆功能操作（包括借阅、讲课等）。还有，我感觉以后的图书馆可以增加一个市民一日体验工作岗位的志愿者活动，增进市民对图书馆员工作的了解，使更多市民更加投入地参与图书馆的各项公益和文化学习活动，营造一个更加美好和谐的东莞。

阅读书目

1.《人体情绪使用手册》，高红敏著，南海出版公司，2009 年出版。

2.《志愿者服务心理指南》，时勘著，清华大学出版社，2008 年出版。

3.《和平心理学》，〔美〕杜艾文，〔美〕赖默著，黄晓楠译，中国社会科学出版社，2016 年出版。

4.《幸福心理学》，汤余著，远方出版社，2017 年出版。

5.《今天你可以不生气：让你快乐每一天的心理学智慧》，〔韩〕全谦求著，千太阳译，北方妇女儿童出版社，2010 年出版。

6.《人人都有病：图解人格障碍》，〔日〕市桥秀夫著，徐琳译，光明日报出版社，2012 年出版。

7.《心理咨询与治疗实务》，林家兴、王丽文著，化学工业出版社，2009 年出版。

8.《水浒传》，（明）施耐庵著，吉林摄影出版社，2006 年出版。

9.《三国演义》（明）罗贯中著，吉林摄影出版社，2006 年出版。

10.《黄帝内经》，谢华编著，中医古籍出版社，2000 年出版。

11.《论语》，孔丘著，万卷出版公司，2010 年出版。

12.《弟子规》，（清）李毓秀著，吉林出版集团有限责任公司，2015 年出版。

13.《童年》，〔苏〕高尔基著，中国致公出版社，2005 年出版。

14.《机器学习》，〔美〕Tom M. Mitchell 著，曾华军、张银奎等译，机械工业出版社，2003 年出版。

15.《大数据挖掘与机器学习：工业 4.0 时代重塑商业价值》，〔美〕Jared Dean 著，林清怡译，人民邮电出版社，2015 年出版。

16.《机器学习导论》，〔美〕米罗斯拉夫·库巴特著，王勇、仲国强、孙鑫译，机械工业出版社，2016 年出版。

没有了儿时的玩伴，书，成了新朋友！

访 谈 者： 乔真，东莞图书馆采编部馆员

被访谈者： 小汪，00 后

访谈时间： 2018 年 1 月底

乔真（以下简称"乔"）： 你看起来比你哥哥成熟，善于与人沟通。来介绍一下你自己吧，为什么会选择来图书馆做志愿者？

小汪（以下简称"汪"）： 我可能比较淡定。图书馆很安静，跟其他地方不同，来到这里，自然就会把说话的声音放小，内心也特别平静。

乔： 在图书馆，把自己变成一个文明人，就成了一个有教养的孩子，是吗？

汪： 是。

乔： 爸爸、妈妈支持你们来图书馆做志愿者吗？

汪： 他们支持。他们经常让我们到书店、图书馆看书，我家在寮步镇，来这里经常堵车，一般要半小时，所以我去家周边的书店比较多。

乔： 东城区有个图书馆，寮步镇也有一个图书馆。

汪： 寮步镇有图书馆？我们都不知道。

乔： 寮步镇二十年前就有镇图书馆了，你们可以利用寒假去看看。那边书会少一些，但是，全市图书馆的书是通借通还的。你是第几次来图书馆做志愿者？以后还会来吗？

汪： 通借通还我知道。第一次，一来就喜欢上这里安静的环境了。如果有机会的话，我还会来。

乔： 完成课业之后，你一般用多少时间读课外书？

汪： 开学季，一般周末会用大约两小时左右，假期每天一小时左右。

乔： 一般喜欢看一些什么书？

汪： 小时候看一些童书，六年级开始，读老师推荐的书，还读一些金庸的武侠小说。

乔： 老师推荐的书，你喜欢哪些？

汪：比较喜欢讲故事的书，不喜欢那些讲大道理的书。

乔：比如，有哪些？

汪：我很喜欢《狼图腾》。

乔：你从《狼图腾》中学到了什么？

汪：《狼图腾》里的有些内容不太理解，比如，他们杀狼又敬重狼，我就不太懂。书中提倡爱护自然环境，我很喜欢。

乔：他们敬重狼，是因为狼是一种象征，一种生命意志顽强的动物，狼的团队意识很强。狼不会无故伤害其他动物，包括人。狼性，也代表着勇敢、顽强能吃苦的优秀品质，它们具有很强的战斗力。

对狼的敬重和保护，也是对大自然规律的敬畏，如果草原上狼灭绝了，那里的自然生态也遭到了严重破坏，失去原本的平衡。

寒暑假有读书计划吗？

汪：一般寒暑假，老师都会给我们推荐一两本好书。这个寒假学校给我们推荐了两本好书，要求读完。一本是龙应台的《目送》，另一本是李汝珍的《镜花缘》。

乔：读了好书，你会做读书笔记吗？

汪：会，学校让我们养成做读书笔记的习惯，不过自己做读书笔记不会像学校要求得那么严格。

乔：读到好书时，你什么感觉？

汪：有时读到一些好的句子，特别优美，会感慨"这些句子怎么写得这么好！"都会记下来。

乔：你得到好书的信息有哪些途径？

汪：老师推荐和同学间相互传递。

乔：平常用智能手机吗？一般在手机上消耗多少时间？

汪：爸妈不让我们玩手机，上学时不给用，寒暑假可以用一下，但不能玩手机，他们发现我们在手机上浪费时间就会没收。

乔：平常用电脑吗？喜欢看电子书吗？

汪：用，也会看一些电子书，还是觉得纸质书好，电子书第一容易让人沉迷，第二对眼睛也不好，看时间长了，眼睛累。

乔： 电子书有什么优势？

汪： 电子书在网上就能搜到，还可以保存，在手机上也可以看，比较便捷，看图书馆的书要花往返路程的时间，到图书馆还要寻找。

乔： 同学中看电子书的多吗？

汪： 一部分吧，看的人更加沉迷，不看的人比较闹。

乔： 你的朋友是爱读书的？还是爱玩的？

汪： 都有。我也是，读书，也玩，但不喜欢打闹。以前，有几个从小一起玩的朋友喜欢跑跑闹闹的游戏，现在那些朋友走了，基本上都玩手机，也交不到新朋友，很难融到新结识的人中。新认识的人，也大都和自己老朋友一起玩。以前中午，我们会找朋友玩，现在，都在家看书。

乔： 把曾经玩闹的时间用来看书，你觉得好吗？

汪： 两方面吧，看书，可以让心灵得到满足；但是一直看书，没有朋友，也会感到枯燥。

阅读书目

1.《狼图腾》，姜戎著，长江文艺出版社，2014 年出版。

2.《目送》，龙应台著，广西师范大学出版社，2014 年出版。

3.《镜花缘》，（清）李汝珍著，江苏文艺出版社，2017 年出版。

到图书馆，亲近图书！

访 谈 者：乔真，东莞图书馆采编部馆员

被访谈者：大汪，00后

访谈时间：2018年1月底

乔真（以下简称"乔"）：你从几年级开始做志愿者？

大汪（以下简称"汪"）：这是第一次。

乔：你是初二，对吗？初一时学校没有组织过吗？

汪：有。那时班里没有什么人宣扬，我也不知道志愿者能干什么，就没去。这次，弟弟他们来，又是来图书馆，我想看看志愿者都做些什么，就跟着来了。

乔：这次来感觉怎样？

汪：这个地方很容易让心静下来。

乔：你喜欢这种环境吗？

汪：还行吧，但我有时也喜欢那些喧闹的感觉。

乔：是一些什么样的喧闹？

汪：很多家人聚在一起，热闹的感觉。图书馆这种让人静下来可以读书的环境，我也喜欢。我家最近快搬到离图书馆近的地方了，那样，我们就可以常到图书馆读书了。

乔：爸爸妈妈希望你们亲近图书，所以搬家？

汪：有一部分原因是这样。

乔：你长大后，想做什么？

汪：还不知道。

乔：现在学的课程中，你最喜欢哪几门课？

汪：数学、英语都比较好，以前语文也好，现在没那么好了。

乔：大量的读书，语文一般都不会差。弟弟的语文是不是比较好？

汪：他，一般吧，这次语文90分。他比较懒，聪明，状态不稳定，努力一下，就会骄傲，起起落落的。我不是特别勤奋，但是一直会维持在同一种水平，不会

上下起伏。

乔：分数不能完全表明对一门课程知识的掌握程度。考试，有时也会发挥失常。你周围的朋友到图书馆看书的多吗？

汪：他们大多在网上看书。

乔：你看电子书多吗？

汪：和纸书对半吧，六年级以前，我都是看纸书，现在电子书一点一点增加。

乔：你通常用多少时间看电子书？喜欢电子书还是纸质书？

汪：大约一小时，周末妈妈管得比较严，都是看纸质书，看不到电子书，只有长假和寒暑假，可以看一些电子书。两种都喜欢，纸质书不伤眼，电子书看得时间长了，眼睛累，脸发红，站起来时，头昏昏沉沉，想睡觉，纸质书没这种感觉。

乔：电子书让你大脑有疲劳感，纸质书没有这种感觉？

汪：是。

乔：你一般都读些什么书？

汪：周末一般都读一些以前看过的书，寒暑假会看一些新书。

乔：那些反复读的书，都是些什么书？

汪：武侠小说之类，都是爸妈送的，还有沈石溪的小说。

乔：谁写的武侠小说？沈石溪写了很多动物小说。曹文轩的小说，你看吗？

汪：金庸的。曹文轩的《根鸟》看过，之后没再看他的。

乔：曹文轩的作品很多。世界名著，你们读吗？

汪：四大名著，我都看过，曹文轩的其他作品我们都不知道。

乔：《青铜葵花》……很多。你们可以到图书馆来看。国外获奖的青少年文学作品读吗？

汪：国外的少，庞婕蕾的读过，她来我们学校开过讲座。

乔：韩寒的，你们读吗？

汪：没有。

乔：你做读书笔记吗？

汪：老师要求，我就做。自己不会做，因为我觉得看书就是一种放松。

乔：和弟弟分享好书吗？

汪：会分享，有时也会打架。

乔：观点不一样的时候，就动武，互不相让。

汪：是，在家里，他只听我爸的话，我妈的话他也不太听，有领导欲望。我喜欢自由，也不干涉别人。现在还没有发现自己很喜欢的工作，主要是把学习搞好，考上大学再说。

乔：一般一年来多少次图书馆？学校图书馆去吗？

汪：少的话，五次；多的话，十次。学校图书馆的书比较陈旧，大多是一些历史类的书，都不是我感兴趣的，去得少。

乔：你喜欢理科？

汪：文科也喜欢。生物，弟弟比较好。我的地理比较好，一般看一遍，我就记住了。

阅读书目

1.《根鸟》，曹文轩著，天天出版社，2011 年出版。

2.《青铜葵花》，曹文轩著，江苏少年儿童出版社，2016 年出版。

将爱好栖居在图书馆乐园中

访 谈 者：乔真，东莞图书馆采编部馆员

被访谈者：徐洪，70 后

访谈时间：2018 年 1 月中旬

乔真（以下简称"乔"）：您是因为怎样的机缘得知莞城图书馆招募志愿馆长的信息的？您自 2016 年 9 月开始承担莞城分馆兴塘社区图书馆志愿馆长以来组织策划了多少次读者活动？

徐洪（以下简称"徐"）：兴塘社区图书馆是莞城区最新的社区图书馆。我从2010 年开始一直坚持做志愿者，在应聘志愿馆长之前从事过很多其他的志愿者活动，平常比较喜欢到图书馆借书，在浏览图书馆网站时，看到这个信息，当时应聘的人很多，我那时已经是一个五星级志愿者，发起这个项目的莞城图书馆的洪副馆长大概看我之前做志愿者时组织策划过很多场活动，有一定的工作经验和亲和力，就让我成为志愿者馆长第二期的一员。上任时，兴塘图书馆刚建好，现在一年任期已满，下一期预计春节后纳新，不过莞图方面希望我能够连任一期。

我在兴塘区图书馆组织策划了十三期"娃娃家故事屋"，主要针对 3~8 岁的小朋友，每次限定 20~25 组家庭参与，一次一个半小时，前半场讲读绘本、表演故事，后半场延伸故事会，一般以阅读、美术、音乐的形式培养小朋友爱上阅读。活动经常很快预约名额就满了，参与的读者很多，活动区域没有桌椅，大家都很随意地席地而坐，氛围很放松。经常在临开始时被家长和小孩填满，活动结束后，很多读者舍不得离开，又去阅览室借书。

除此之外，我还组织策划了三期小学至初中年龄段青少年的"梦想飞扬读书会"活动，每次 10~15 人，有一名中学语文老师合作负责图书朗读、分享。2018年准备联系莞城的各小学找一些阅读考级学生比较熟悉的书目进行深层阅读分享，现在这个活动已扩大到整个莞城区，2018 年莞城图书馆青少年读书会就由我来负责。

乔：除了组织读者活动之外，您在阅读推广方面还做了哪些工作？

徐：志愿馆长每月向读者推荐一本书，发布在社区宣传栏、莞城图书馆季刊《尚书》和莞图微信公众号中。我平常也比较喜欢读书，一年大概在图书馆借了80~120本书，2017年最喜欢的书是《追风筝的人》，读了很多遍，一些哲理散文集能让人身心愉悦，每天早上洗漱、上下班在路上、散步时收听有声书和一些散文。

乔：您策划的活动每次都有一些固定成员参与吗？

徐："娃娃家故事屋"凝聚了一个故事人团队，活跃成员近三十人，都是小读者的家长，每次活动前期，都会建立一个临时活动小组微信群，进行线上沟通，做好前期准备工作。"梦想飞扬读书会"有一个青少年微信群，每次读书会有一些新成员参与进来。

乔：兴塘社区图书馆有没有成人读书活动？

徐：社区成人读书活动主要在莞城分馆举办。如：招募一些具有专业能力的志愿者举办一些定期的讲座；请医疗保健专业的医护人员为辖区内的老年读者开办讲座；还请过东莞银行的一名职员为读者讲解有关钱币的知识；社区内一些家庭主妇很擅长手工制作，把她们组织起来做一些手工制品的义卖，义卖的钱捐给莞城慈善会。图书馆门前有一块场地，也组织一些小型运动会，周边很多居民都喜欢到图书馆来参加活动。图书馆已成为社区居民的文化生活中心。

乔：您担任志愿馆长以来有没有什么记忆深刻的人或事？

徐：有一些家庭经济状况不太好的小朋友是跟着爷爷奶奶或外公外婆生活的，他们不会通过网络和微信公众号获取活动信息，但是每次都到现场参与活动，而且很喜欢看书，很用心学习，让人很感动，社区图书馆亲近民众、服务民众、惠及民众，让大众受益。

2017年我们请了张德忠老师开办了绘本故事戏剧表演班，培养小朋友将"娃娃家故事屋"绘本故事用戏剧表演的形式呈现给观众，参与的小朋友都很有兴趣。

2017年暑假，我们和莞城区妇联联合举办了一个"幸福阅读书香飘万家"的家庭阅读活动，在活动中我们教小朋友将绘本故事《猪八戒吃西瓜》用皮影表演的形式展示给观众，配音也是小朋友们完成的，小朋友在玩乐中阅读，很快乐。

2017年9月，我参加了一次为期一周的韶关浈江区犁市镇梅塘村平安希望小学的支教活动。那所小学一共有三十六个学生，只有1~3年级，全部是留守儿童，没有自来水，教室是土坯房，墙面没粉刷，条件非常艰苦，小孩都没有上过幼儿园，也没见过绘本，几乎与外界隔绝，我们去时挑选了一些绘本带过去，给他们讲故事，朗读散文、古诗，那边一年级的小孩子有的还不会握笔，二年级的小孩和这边幼儿园大班的孩子认知相当。我们去的那次，通了网络，还带去了教学投影仪，希望深山里的孩子能够更多地了解山外的世界。

以前喜欢记日记，现在可以利用微信自制电子书，用图文并茂的形式记录每一次读者活动的前期准备、活动宣传、活动现场、后期总结，年底做一年的读书笔记，每次都发朋友圈，分享的同时也传播阅读，还可以吸引一些新的朋友参与图书馆的读书活动，从不感觉是炫耀，就是一种记录的方式。

阅读书目

1.《尚书》，东莞市莞城图书馆分馆主办。

2.《追风筝的人》，〔美〕卡勒德·胡赛尼著，李继宏译，上海人民出版社，2006年出版。

3.《猪八戒吃西瓜》，包蕾著，詹同、王松绘，海燕出版社有限公司，2001年出版。

跟老师到知识丰富的图书馆做志愿者！

访 谈 者：乔真，东莞图书馆采编部馆员

被访谈者：小黄，00 后

访谈时间：2018 年 1 月底

乔真（以下简称"乔"）：你好，黄同学，你为什么愿意做志愿者？从哪个途径得知可以做志愿者？

小黄（以下简称"黄"）：在网上看到招募志愿者信息，就报名了。

乔：做志愿者需要投入时间，你平常除了完成课业之外，还有时间和朋友聚在一起吗？一些小男生喜欢聚在一起玩游戏，你玩吗？

黄：我家在虎门镇，离市区比较远，这边除了同学也没什么朋友。不玩游戏。

乔：你一般在哪儿做志愿者？都做一些什么项目？

黄：有时在虎门，有时在东城。有时去老人院照顾老人，有时去旗峰公园扫地。

乔：你去老人院照顾他们有什么感觉？在照顾他们时，你幸福、快乐吗？

黄：怎么说呢？那些老人他们也有自己的亲人，亲人也会去探望，我们去，老人们也很开心，他们和我们聊天，聊一些关于学习、生活、家庭方面的话题。看见他们，就会想到自己有一天也会像他们一样。

乔：你觉得他们寂寞吗？

黄：要看年龄，那些年龄比较大一些的老人会寂寞，六十多岁的老人很多还有亲人，八十多岁的亲人就比较少了。他们看见我们很开心，毕竟我们朝气蓬勃，有生机。

乔：你来图书馆做志愿者什么感觉？

黄：太安静了。

乔：有点闷吗？

黄：是。

乔：那你以后还会来吗？

黄：会。

乔：为什么？

黄：在这里可以免费看书，很有吸引力。

乔：平常在家也喜欢读书吗？

黄：喜欢。所以才会跟着老师来图书馆做志愿者。

乔：你在图书馆做志愿者和在其他地方做志愿者有什么不同的感觉？

黄：在这里做志愿者要求有责任心，做事的时候要很认真，把乱放的书刊整理好，让更多爱看书的人很方便地就能够找到自己想要的书、刊。

乔：为读者提供服务你心里有成就感吗？

黄：有。

乔：如果不是来图书馆做志愿者，你会来图书馆读书吗？学校的图书馆利用过吗？

黄：不太喜欢在图书馆看书，有时找不到自己想看的书。另外，图书馆的书借了要还，有点儿麻烦。我喜欢去书店，喜欢的书，买回家，就是自己的。学校的图书馆我没利用过。

乔：你的同学到图书馆做志愿者的多吗？

黄：多，大约50~60人，几乎全班都来了，是学校老师组织的，学生自愿报名参与，我们都喜欢来图书馆，因为这里知识丰富。

在"e 悦读"中历练自我

访 谈 者：乔真，东莞图书馆采编部馆员

被访谈者：陈岱津、温楠杭，95 后

访谈时间：2018 年 3 月中旬

乔真（以下简称"乔"）：你们从什么时候开始参加"e 悦读"小学生读书分享沙龙活动（以下简称"e 悦读"合作项目）这个项目？

温楠杭、陈岱津（以下简称"温、陈"）：大一下学期开始。

乔：这个活动你们学校是合作方之一，当时报名参加的学生多吗？

温楠杭（以下简称"温"）：我们都是学院志愿站的志愿者，学院志愿站是合作方之一，这个活动每周五下午开展，刚好只有我们两个这个时间没课，可以参与。

乔：你们两个之前在哪里做过志愿者？

温、陈：东城区梨川幼儿园和东城区堑头社区的四点半学堂，在幼儿园每个班有两个老师，我们去只是陪伴他们一起玩，四点半学堂主要是辅导那些放学后因父母没下班在社区活动中心做家庭作业的小学生。也做过一些大型赛事、活动的志愿者。

乔：在做这个项目之前，你们已经积累了一些相关的阅读指导经验了？

温、陈：形式和以前参与的活动不太一样，"e 悦读"合作项目里，我们是活动的策划者、执行者，实验小学十名很优秀的学生在带队老师的引领下每个周五来到莞城图书馆，我们给他们开展第二课堂阅读培训。我们在这个项目中学到了很多。

乔："e 悦读"合作项目总共开展几次活动？每一期的主题都是你们策划的吗？

温、陈：这个项目前后开展了七次活动，分两个学期完成，第一学期三次，第二学期四次。参与活动的学生都很用心，我们根据带队老师提供的书单选了小学生喜欢的少儿作家杨红樱系列作品《笑猫日记》中最新的《保姆狗的阴谋》和《蓝色的兔耳朵草》两本书，结合视频、音频给他们上课，每次活动后还布置作业，他们非常努力，暑假他们都用很多精力来完成阅读作业。

乔：你们在学校参加过阅读活动吗？

温、陈：我们都是理工科专业的学生，平常课业很紧，大一时，每天早上都

有一节特色劳作课，粤台学院所有大一的学生都要参与打扫校园，同学们聚集在一起，学院院长利用这个时间安排几分钟大家一起学英语、背诵国学经典，以此来唤醒美好的一天，这也是我们的课外阅读途径之一。

确定参加这个活动后，楠杭很用心，他找来了所有需要阅读的书，还借了很多相关的书，我们在培训学生之前，自己已经对这些少儿文学作品有了一定的了解。

乔：你们每次拟定培训课程内容时，需要跟实验小学的阅读指导老师沟通吗？

温、陈：我们有一个"e悦读"微信群，沟通很方便，不过莞图和实验小学那边给了我们很大的发挥空间，我们也尽心尽力地努力做好每一次活动，尽量安排得形式多样、活泼，让学生们在一个相对轻松的第二课堂中获益更多，前三次我们采取上课的形式，第一次同学们很活跃，我们没经验，场面有些控制不住，第二次我们让他们结合阅读书目画画，学生不再像第一次自由散漫了。我们还采用过朗读、阅读体会分享等形式，每次都不一样，有时我们还准备一些小礼物奖励表现好的学生。第二学期开始，我们集中培训他们的辩论技能，还请了我们学校辩论队的同学来帮忙讲课，传授辩论赛的实战技能。

乔：你们在"e悦读"合作项目中收获大吗？

温、陈：因为这次活动，我们的阅读面扩大了，看了很多少儿图书，有些小时候看过，已经忘记，这次再看，体会比小时候更深，收获挺大的。第一学期结束时，学生们总结一学期收获，写了感谢信，其中很多感悟，黎老师转发给了我们。活动结束时，学生们送了很多很朴实的小礼物给我们，很感动。

陈岱津（以下简称"陈"）：这些来参加活动的学生都很优秀，也很勤奋，他们的阅读量都很大，他们读过的很多书我们都没读过。他们读古文原文，非常厉害。

温：他们中有两个喜欢历史的学生，读《史记》和"二十四史"。不过这次，他们也有获益，我们针对他们之前的阅读又做了拓展和延伸。通过辩论，学生们的思维也开阔了，他们之前有的会纠结于一个点，总是围绕这个点绕圈子，通过辩论，他们学会了根据辩题纵横地利用之前已掌握的知识和阅读内容，学会了基本的辩论方法和一些技巧。

乔：以后有类似的机会，还会参与吗？整个活动达到了你们的预期效果吗？有什么经验可以分享吗？

温、陈：还会参加。我们通过这次活动，社交能力得到了提升。比如：每次活动都需要与提供场地和资源支持的莞图李小星老师多次沟通。每次培训结束后，也会立即总结得失，李老师也会给我们很多好的建议。活动策划方案拟定后，每次施行前，莞图的老师会与我们沟通、探讨，之后就需要做很多调整和修改。前期准备用了很多时间，策划案都改了很多版，到真正施行的过程中又会碰到很多突发情况。有时因实验小学那边校方集体活动，学生不能来；有时因莞图临时没有场地提供；有时因我们请不到专业的辩论老师，不得不将原定的培训时间一再延后；等等。原定用一学期完成的培训计划，最终却用了两个学期，直到最后，因学生们的辩论能力达不到我们之前的预期目标，临时又增加了二期训练，一期为预赛。决赛前，担心学生压力太大，莞图李老师与我们商量后决定这一次暂时不邀请媒体在现场报道，学校那边也在最后取消了家长助威，有点儿遗憾。

刚开始，我们都不太善于沟通，面临过几乎谈崩的时候，还有在学校请辩论指导老师时，找了很多人，他们都没空，辩论队要参加很多比赛，加上他们功课也很忙，我们一直被拒绝，处于一种失败的状态中，最后只好找志愿站辅导老师帮忙。整个活动遇到很多临时想不到的状况，锻炼了我们的应急解决问题的能力。

最后一期，楠杭正好考试，不能到现场，为学生准备的礼物也忘记带给他们，有点儿可惜。

我们面对的这些毕业生，活动只能在一年内完成，学生们小学最后一学期面临毕业考试，没有精力参加校外活动，我们也投入二年级更加繁忙的课业学习中，还要为大三的台湾学习之旅做更充分的知识积累。这个项目结束后，可能会有类似的活动，我们也会把自己学到的沟通能力和临场应变能力介绍给下一次参加活动的学弟学妹们。

乔：没亲临现场看到自己的劳动成果，楠杭应该比较遗憾吧。时间延长了，现在你们回头看，觉得短时间完成比较好，还是拉长时间更好？

温、陈：是啊，不过莞图的李老师很贴心，她制作了视频光盘并寄给我们。

时间延长，就有更多的时间准备，会比较好。刚开始，接到任务时，压力很大。

乔：担心不能完成？

温、陈：是。第一期培训课，我们希望生动活泼，营造一种和小学生在学校相对严肃的课堂截然不同的阅读分享课的氛围，可是对于放松程度的把握经验不足，给学生们这是一段可以玩乐的时光的错觉，学生们竟然在课堂上满地跑，完全超出了我们的设想，带队老师也不过多干涉。课后莞图的李老师马上与我们共同分析、修改课堂教学方案，办了二期以后才开始一点一点地建立信心。实验小学的带队黎老师也很配合，每次我们给学生布置课后作业，黎老师都会督促学生完成。第一学期结束时，我们将辩论主题布置给学生，他们用整个暑假搜集相关资料，虽然这些辩题材料在我们看来还有些幼稚，但是从他们的年龄和认知度来看，已经非常充分了。

乔：你们参加这个活动有没有利用过学校图书馆？毕竟"e悦读"合作项目与你们所学专业没有任何相关性，校方对你们有帮助吗？最后达到自己对自己的预期了吗？

温、陈：我们学校图书馆没有这方面的资料，利用实验小学图书馆可能不太方便，少儿图书全是通过亲戚借的，在网上也搜集一部分资料。

是啊，我们两个都不是文科生，这次给我们提供了一个了解校外社会的机会，沟通协调能力有了很大的提高。学校志愿站负责人在关键时刻给我们提供过一些及时的帮助。对自己的预期是达到了。很感谢莞图和实验小学的老师，给予我们充分的信任和包容，放手让我们做，并允许我们犯一些小错。

阅读书目

1.《保姆狗的阴谋》，杨红樱著，明天出版社，2006年出版。

2.《蓝色的兔耳朵草》，杨红樱著，明天出版社，2008年出版。

3.《史记》，（汉）司马迁著，中华书局，2014年出版。

自由之翼

刑期就是学期

访 谈 者： 乔真，东莞图书馆采编部馆员

被访谈者： 读者 A，东莞监狱服刑人员

访谈时间： 2017 年 6 月

乔真（以下简称"乔"）： 读书对于你重要吗？在东莞监狱，你通过什么途径获得图书？

读者 A： 读书可以丰富我的生活，学习一些平常接触不到的知识，偶尔也能从中获得一些感触和想法。来到东莞监狱后，还没从东莞图书馆借过书，平时都是自己买书、订书报，或者是在一同改造的人中相互借阅。

乔： 在狱中每天都有时间看书吗？狱中有读书小组分享阅读吗？读书时常写读书笔记吗？

读者 A： 在狱中，每天熄灯就寝前会看一会儿书。周日休息不开工、周一读书学习时，会有较多的阅读时间。监区有通讯小组，成员之间会相互借阅书籍、讨论。看书时，若有触动人心或令人深思的话语、词句，会做笔记并思考其中含义。

乔： 读书对于你反思自己曾经犯过的错帮助大吗？

读者A：看一些励志书时，确实有心灵鸡汤的感觉，对自身的犯罪也会有反省、思考，进而修正自己，以正能量励志。我的人生观，在服刑后这段时间有了明显的改变。

乔：你的刑期有一个完整的读书计划吗？

读者A：刑期就是学期，在有限的空间里要面对漫长的服刑生活，按照自我要求安排时间，劳动之余抽空看书，调剂一下单调的一成不变的生活。

乔：书，是现实中的一缕阳光。你怎么理解这句话？

读者A：现实的生活，有时会和你的理想与信念不尽相同，所以当你生活遇到挫折或迷茫、彷徨时，阅读一本砥砺人心的书，确实可以引领你人生的方向。不同类型的书，或多或少可以让我得到不一样的启发和感动。我们自身的认知是有限的，但学习却是无止境的。

乔：你对图书馆有哪些期望？

读者A：能有多样式、多类型、多学科的书籍，这样读者可以有较多的选择。改造的过程中，会遇到多种不同的问题和情绪，阅读不一样的书，可以适时调整心情和想法，在改造的路上提供正能量，净化心灵。

书，像空气和水陪伴着我

访 谈 者：乔真，东莞图书馆采编部馆员
被访谈者：刘易发，东莞监狱服刑人员
访谈时间：2017年5月中旬

乔真（以下简称"乔"）：在你享受自由时，读书对于你重要吗？触犯法律后，来到东莞监狱，东莞图书馆为你们提供专门的阅读服务，你从中获益多吗？一年两次图书流动车的到来，你每次能够借几本书？除了图书馆为你提供的图书之外，你还能从其他途径获得图书吗？

刘易发（以下简称"刘"）：读书、写作一直是我的爱好，坚持了很多年。入狱前，我就为杂志、报纸投稿，算是自由撰稿人吧。入狱后，借阅书的机会很少，获益也无从谈起。流动书车借阅，十年仅参加过一次，按规定借了两本书，一个月内归还。匆匆忙忙，获益甚少。无其他途径获得图书，家人寄的书，都退回了，很失望。可以恢复家人寄书吗？或者可以有定期购书制度。现在主要浏览订的杂志和报纸。

乔：在狱中每天都有时间看书吗？狱中有读书小组分享阅读吗？读书后常写读书笔记吗？

刘：每天几小时劳动，留给自己的时间少之又少，有三个时间段可以阅读：每天睡前十分钟，晚上看完电视一小时，星期天上午。读书小组应该是通讯小组吧，大家每天忙忙碌碌，怎么会有见面座谈的时间，太奢侈了。写笔记、心得是常态，好的文章也会摘抄，只是花很多时间分批次抄，时间对我太重要了。真正体会到时间是挤出来的，能将星期一下午利用起来，先让通讯员这批人带头营造监区文化氛围。

乔：读书对于你反思自己曾经犯过的错帮助大吗？你现在的人生观、价值观、世界观有改变吗？

刘：这是一个大题目，读书当然有益。开卷就有益嘛。在读大学时，就体会到了，人生观、价值观、世界观的改变，是一个渐进提升的过程，做到大提高、

大觉悟，太需要阅读的帮助了，但现在的条件和环境不太如意。成长完全靠自己领悟。所以，这是一个漫长的过程，太需要警官、监狱的工作人员的帮助，先从细节做起吧！

乔：你的刑期有一个完整的读书计划吗？你设想过刑满出狱后坐在明亮的图书馆阅览室里自由阅读吗？

刘：我创作了许多作品，散文、歌曲、小说，最近在写剧本，真想今年完成这部电视剧作品《谎言风月》，这是一部现代生活版的反腐情感剧，已写了提纲及简单描写，却因时间关系，没办法完成，希望能够得到警官的帮助。当然，出狱后，我会将我的经历、感悟、心得写出来，让人们看到"痛"才是改变人生的转折点。

乔：书，是现实中的一缕阳光，你怎么理解这句话？为什么？

刘：书，不仅是一缕阳光，而且像水和空气一样滋养、陪伴着我。如果一个人不读书，那么可想而知，这个人是个什么状态，就像枯木发不了芽，更长不成参天大树。

乔：你对图书馆有哪些期望？

刘：定期、固定、制度化让通讯员优先享受这部分资源，因为他们是监区的文化骨干力量。可以将星期一下午作为通讯员借书、读书、创作日，培养监区文化是要靠时间堆砌的，没有行动只能是空谈。写作要靠这批人，才能带动大家形成氛围，读书对服刑人员太重要了。

书是冲破阴霾的阳光

访 谈 者：乔真，东莞图书馆采编部馆员

被访谈者：林毅，东莞监狱服刑人员

访谈时间：2017 年 5 月中旬

乔真（以下简称"乔"）：在你享受自由时，读书对于你重要吗？触犯法律后，来到东莞监狱，东莞图书馆为你们提供专门的阅读服务，你从中获益多吗？一年两次图书流动车的到来，你每次能够借几本书？除了图书馆为你提供的图书之外，你还能从其他途径获得图书吗？

林毅（以下简称"林"）：监外生活时，一周一本书，固定阅读。狱中，从阅读服务中获益良多，有些急需的书在图书馆借不到，每次约借 3~5 本，除了图书馆的书以外，监狱定期举行买书活动。

乔：在狱中每天都有时间看书吗？狱中有读书小组分享阅读吗？读书后常写读书笔记吗？

林：每天有时间看书。监区有读书兴趣小组，固定的读书时间，是在看完晚间新闻后至 21 点，有时看到书中有益的内容也会用笔记本记下。

乔：读书对于你反思自己曾经犯过的错帮助大吗？你现在的人生观、价值观、世界观有改变吗？

林：读书对于反思自身错误及罪行帮助很大，为明辨是非，纠正错误的人生观、价值观及世界观提供了正确的方向指引，我的三观也不断地朝正确的方向改变。

乔：你的刑期有一个完整的读书计划吗？你设想过刑满出狱后坐在明亮的图书馆阅览室，自由阅读吗？

林：刑期内拟通读《道德经》《论语》等名著以充实自身，出狱后一定会培养到图书馆读好书的良好习惯。

乔：书，是现实中的一缕阳光，你怎么理解这句话？为什么？

林：在当下，由于生活环境的影响，心理上免不了有充满阴霾的时候，而读书能有效地缓解内心的压力，将书比喻为阳光借以冲破内心的阴霾可谓很

恰当。

乔：你对图书馆有哪些期望？

林：如有可能，希望看到更多关于自然科学、音乐方面的相关专业书籍。

择其优善而阅之

访 谈 者：乔真，东莞图书馆采编部馆员

被访谈者：读者 D，东莞监狱服刑人员

访谈时间：2017 年 5 月中旬

乔真（以下简称"乔"）：在你享受自由时，读书对于你重要吗？触犯法律后，来到东莞监狱，东莞图书馆为你们提供专门的阅读服务，你从中获益多吗？一年两次图书流动车的到来，你每次能够借几本书？除了图书馆为你提供的图书之外，你还能从其他途径获得图书吗？

读者 D：在我自由时，读书对我来说很陌生，从不曾感到很重要，但当我来到东莞监狱后，我开始在书中受益，在书中感受感性和理性的人生。每年图书流动车来两次，每次都能借到两本书，除了图书馆提供的图书外，监狱每月集体借书一次，监区每周组织借书一次。

乔：在狱中每天都有时间看书吗？狱中有读书小组分享阅读吗？读书后常写读书笔记吗？

读者 D：狱中生活相对平稳，时间也比较宽裕，每天都有时间看书，而且看完书，我们监狱有组织读书小组分享阅读，大家各抒己见，有好的观点和想法，我都写笔记。

乔：读书对于你反思自己曾经犯过的错帮助大吗？你现在的人生观、价值观、世界观有改变吗？

读者 D：读书对我帮助很大，书可以净化一个人的心灵，让我可以沉下心去想一些我曾经不曾想到的问题，我也会反思自己的过错，从而使我的人生观、价值观和世界观变得更加积极端正。

乔：你的刑期有一个完整的读书计划吗？你设想过刑满出狱后坐在明亮的图书馆阅览室自由阅读吗？

读者 D：计划倒没有，我是择其优善而阅之，我很向往自由阅读，这和向往自由一样，因为自由无价。

乔：书，是现实中的一缕阳光，你怎么理解这句话？为什么？

读者 D：我想这句话其实告诉我，书是人生的导引者，是对现实的一种写实，是光明的探路灯，给我们希望，让我们充实、乐观、善于思考。因为现如今，我就是受益者。

乔：你对图书馆有哪些期望？

读者 D：希望图书馆多收藏积极向上、向善的书籍，供我们选择。

读书，是一种责任，一种使命

访 谈 者：乔真，东莞图书馆采编部馆员
被访谈者：读者 C，东莞监狱服刑人员
访谈时间：2017 年 5 月中旬

乔真（以下简称"乔"）：在你享受自由时，读书对于你重要吗？触犯法律后，来到东莞监狱，东莞图书馆为你们提供专门的阅读服务，你从中获益多吗？一年两次图书流动车的到来，你每次能够借几本书？除了图书馆为你提供的图书之外，你还能从其他途径获得图书吗？

读者 C：读书对于我很重要，书籍是人类进步的阶梯。提供一个方便阅读的理想环境，是监狱立足自身实际，意在倡导服刑中的我们养成阅读的习惯。每次借到书的册数不一定，但在可以的条件下，最好以能够阅读的数量为第一考虑，让更多人借到书。

监狱监区每年都提供机会让我们购买书籍，提升知识素养。

乔：在狱中每天都有时间看书吗？狱中有读书小组分享阅读吗？读书后常写读书笔记吗？

读者 C：每天都有看书时间，时间为 2~3 小时。狱中有读书小组、写作小组，大家会分享彼此觉得不错的文章或书籍。监区也会不定期举办演讲、朗读活动。写读书笔记，是我读书后的一个习惯，一方面可以增强自己的记忆，另一方面可以练练字，更可以让自己的心平静下来。

乔：读书对于你反思自己曾经犯过的错帮助大吗？你现在的人生观、价值观、世界观有改变吗？

读者 C：读书对于我反思自己犯过的错帮助很大，让我学习好好做人、诚实对人。阅读，不只是一日一时，而是将陪伴我的一生。是读书让人生变得坦荡如原野。通过阅读，把自己微小的人生不断放大，最后又把人生不断还原到最小。读书让我遇见美好的灵魂，向每一个命运故事的主人翁致敬。我卑微的人生得以绽放光芒。

乔：你的刑期有一个完整的读书计划吗？你设想过刑满出狱后坐在明亮的图书馆阅览室自由阅读吗？

读者 C：我有一个读书计划，坚持每天读书一小时，每日阅读一本书，养成良好的读书习惯。在阅读中陶冶情操、积累知识，在读书中感悟人生、提升精神，在读书中学习技能。刑满出狱后，我会带着我的小孩等家人，一起去图书馆阅读，开展亲子共读、夫妻同读，家庭成员一起品评好书，让书香飘溢家庭，感受阅读带来的精神愉悦和物质丰满。

乔：书，是现实中的一缕阳光。你怎么理解这句话？为什么？

读者 C：人类社会的文明进步离不开一代又一代热爱写书的人、出书的人、读书的人的支持和贡献。读书是一种精神、一种力量，更是一种责任、一种使命。通过阅读，不断增强文化自信，提升追赶超越的能力。

乔：你对监狱图书馆有哪些期望？

读者 C：希望多办读书讲座、读书研讨会，积极创建"书香监狱""书香监区"，让读书学习在全监狱蔚然成风，为追赶、超越提供量足质优的动能。希望推动形成"爱读书""多读书""读好书"的环境，使阅读成为监狱监区的新常态、新时尚。

读书，让我懂得感恩

访 谈 者：乔真，东莞图书馆采编部馆员
被访谈者：读者B，东莞监狱服刑人员
访谈时间：2017年5月中旬

乔真（以下简称"乔"）：在你享受自由时，读书对于你重要吗？触犯法律后，来到东莞监狱，东莞图书馆为你们提供专门的阅读服务，你从中获益多吗？一年两次图书流动车的到来，你每次能够借几本书？除了图书馆为你提供的图书之外，你还能从其他途径获得图书吗？

读者B：在我享受自由时，读书对于我来说非常重要，因为读书让我拓宽了视野，增加了内涵，同时还打开了眼界。来到监狱让我学到了很多知识，监狱对我来说就是一所大学。东莞监狱每个月都会给我们服刑人员提供各种各样的书籍。

乔：在狱中每天都有时间看书吗？狱中有读书小组分享阅读吗？读书后常写读书笔记吗？

读者B：在狱中每天都有看书的时间，特别是和同改们一起阅读交流时感到非常开心，看书时，也感到时间过得非常快，更开心的是没有浪费一点时间。读书后我会经常写读书笔记，看到一些好的话语，我会把它记下来，好好回味。

乔：读书对于你反思自己曾经犯过的错帮助大吗？你现在的人生观、价值观、世界观有改变吗？

读者B：读书对于我曾经犯过的错帮助特别大，因为通过读书我变得不那么功利了，还让我懂得了什么是知足，学会了珍惜现在所拥有的。

对于我的人生观、价值观、世界观有很大的影响，也让我养成了良好的行为习惯，对完善自己的人生有好的作用，更让我懂得如何去感恩。

乔：你的刑期有一个完整的读书计划吗？你设想过刑满出狱后坐在明亮的图书馆阅览室自由阅读吗？

读者B：有一个读书计划，我每天都要看半小时到一小时的书，刑满出狱后，我非常渴望能够在图书馆阅览室自由地阅读，或者在家中安静地阅读，我会很享

受也很开心。

乔：书，是现实中的一缕阳光。你怎么理解这句话？为什么？

读者 B：阅读给我带来快乐和正能量，也让我找到自己积极向善的一面，更让我懂得如何去孝顺自己的父母及珍惜身边的亲人和好友。

乔：你对图书馆有哪些期望？

读者 B：我对图书馆有很多期望。比如说，每个人只要是到图书馆，就好像到了大海，无边无际，有各种各样的书，让你怎么看都看不完，而且让你越看越想看，看了会让你念念不忘，开心到难以入睡，这就是我对图书馆的期望。谢谢！